Rocio Arellano

Ensayando y Contando

Rocio Arellano

Copyright © 2010 Rocio Arellano

All rights reserved.

ISBN: 13:978-1502816313

ISBN-10: 1502816318

*GRACIAS POR EL APOYO,
LA INSPIRACIÓN
Y LA PACIENCIA*

CONTENIDO

1. ENSAYOS   Pg. 9

2. CARTAS   Pg. 31

3. CRÓNICAS   Pg. 45

4. NARRACIONES   Pg. 55

5. BIOGRAFÍA   Pg. 107

ENSAYOS

MUJERES DE LIBERTAD DISFRAZADA

"Libertad significa responsabilidad; por eso le tienen tanto miedo la mayoría de los hombres —y las mujeres—."
(George Bernard Shaw, novelista, crítico y dramaturgo irlandés, 1856 - 1950)

¿Cuándo perdieron las mujeres la conciencia de lo que ser verdaderamente libres significa? ¿Cuándo estuvieron de acuerdo con negociar su libertad? ¿Cuándo se acostumbraron a ser propiedad de otros y esclavas del autoengaño? ¿Cuándo decidieron conformarse?

Parecería que estamos formulando todas estas preguntas en el contexto de algún país lejano, de aquellos, aparentemente muy alejados de nuestra realidad, y que son reconocidos universalmente por el altísimo nivel de agresión y salvajismo humano en contra de las mujeres. O que nos estamos refiriendo a sociedades donde la discriminación extrema, el maltrato físico y emocional y las mutilaciones corporales, en sus partes más íntimas y privadas, no sólo son comunes, sino hasta aceptadas y consideradas necesarias en nombre del buen funcionamiento de la comunidad y la preservación de las tradiciones y los valores del grupo social. Pero, sin menospreciar o ignorar el infortunio y las terribles condiciones que todas estas mujeres tienen que enfrentar en sus vidas diarias, las preguntas no fueron hechas pensando en ellas, sino en las mujeres de México. Estamos hablando de nuestras madres, tías, maestras, primas, amigas, compañeras y todas aquellas mujeres que han tocado nuestras vidas; de todas aquellas que se han acercado a compartir sus historias, pesares y sufrimientos y también de las que no se han atrevido a hacerlo, por vergüenza, miedo o conformismo, enfermedad letal que va acabando con las ganas de vivir hasta convertirnos en seres rutinarios semiautomatizados. Nos estamos refiriendo a todas las mexicanas que aún no han despertado y por las que nadie puede luchar, ni protestar siquiera, porque su falta de libertad no se nota, está disfrazada, oculta, detrás de un "amor", "cielo" o "cariño" y agazapada detrás de la puerta del hogar, dulce hogar.

Aunque nuestra Constitución es muy clara en otorgar los mismos derechos y obligaciones a todos los ciudadanos mexicanos sin marcar diferencias entre hombres y mujeres, en la vida cotidiana las cosas son muy diferentes. Cuántos casos no conocemos, familias o parejas cercanas a nosotros y de cualquier nivel social, donde ella es objeto de una libertad coartada, condicionada o limitada. Las cadenas que retienen y atan a estas mujeres no están forjadas en hierro, están hechas a base de intimidación y actitudes de menosprecio que socavan su autoestima convirtiéndolas en mujeres "chiquitas" y frágiles. La imposibilidad de decidir hasta la compras más básicas para la familia, el tener que entregar cuentas y cambios al "hombre" de la casa, el no poder hablar por teléfono sin ser escuchadas y luego cuestionadas, el tener que pedir permiso para salir o regresar y el tener que dar explicaciones de sus actos, de sus acciones y hasta de sus pensamientos son claros ejemplos de esa libertad remendada con la que viven muchas mujeres en México.

La libertad es el derecho más fundamental, el primero, de todos los seres humanos. Es el valor primordial de todo hombre o mujer, porque sólo al tener libertad pueden existir otros derechos y otros valores. Todos nacemos con el derecho irrevocable a la libertad, y cuando se alcanzan la edad y la madurez necesarias tenemos el privilegio y la responsabilidad de ejercerla. Sin embargo, encontrar una definición amplia e incluyente que no caiga en dilemas y contradicciones éticas no es fácil. Abraham Lincoln dijo que "el hombre nunca ha encontrado una definición para la palabra libertad porque es un concepto abstracto y muy complejo que hace referencia a muchos aspectos de la vida humana". Ni siquiera el conocer las raíces etimológicas de donde nació la palabra "libertad" –*liber*– nos ayudan a comprender mejor lo que significa: *liber,* en latín, se refiere a una persona cuyo espíritu de procreación se encuentra ya activo y esto estaba relacionado con alcanzar la madurez sexual y el momento de incorporación a la sociedad. Podríamos recurrir a algunas de las definiciones más aceptadas en los diccionarios comunes. Por ejemplo, libertad puede definirse como la "facultad natural que posee el ser humano de poder obrar según su propia voluntad" o "la situación donde uno tiene la posibilidad de actuar o no sin interferencias, presiones o constricciones". Muchos de los más grandes filósofos en la historia del hombre también han intentado definirla: "La libertad consiste en ser dueño de la propia vida, en no depender de nadie en ninguna ocasión, en subordinar la vida a la propia voluntad solamente y en dar poca importancia a las riqueza" (Platón y Aristóteles en 427-347 AC).

Sin embargo, aunque no hay consenso en cuanto a una definición, hay algo que sí queda muy claro, y esto es que la libertad involucra mucho más que sólo el poder actuar de acuerdo a la propia voluntad. Implica creer en uno mismo y tener la confianza para tomar decisiones propias, en todos los sentidos, y asumir la responsabilidad y los riesgos de esas decisiones. Se requiere de valor y coraje para defender, en caso necesario, la decisión tomada y también de sentido común e inteligencia para saber utilizar y aprovechar la libertad que tenemos.

Para fines de discusión y análisis se han identificado varios tipos de libertades: libertad de conciencia, de pensamiento, de espíritu y de hacer o actuar:

La libertad de conciencia es el poder creer en todo aquello que decidimos creer. Todas nuestras creencias caen en esta categoría: nuestros valores –justicia, libertad, igualdad, respeto, creencias religiosas y conceptos éticos –lo justo y lo injusto, lo correcto y lo incorrecto–, así como nuestras convicciones con respecto a todo. Paradójicamente, para poder alcanzar esta libertad de conciencia primero tenemos que ser libres para pensar, lo que nos lleva de inmediato a la libertad de pensamiento.

Es cierto que esta libertad, la de pensamiento, no depende de nadie más que de nosotros mismos, y una vez que la tenemos nadie nos la puede arrebatar, pero aunque se nace con el derecho a ella, no se da de manera automática. Es una habilidad aprendida que debe practicarse constantemente. ¿En qué momento de nuestra educación como mujeres en México se nos enseña a pensar? ¿A cuestionarnos? En la escuela los conocimientos son memorizados, nunca analizados, entendidos o racionalizados. Se califica el resultado final, la respuesta correcta o incorrecta, pero nunca el proceso de pensar. Y en la casa las cosas son aún peores para las mujeres. Los roles que nos son impuestos están dictados por el hombre de la casa, irónicamente apoyado por la misma madre o la mujer de mayor edad o experiencia en la familia, y no existe la posibilidad de cuestionar, de ser propositiva, ni de responder siquiera. ¿Qué podrían las niñas o las jóvenes responder a frases del tipo "porque yo lo digo", "porque aquí mando yo", "porque eres mujer y te toca" o "porque así es y te callas"? ¿Que conciencia puede crear una mujer a la que le dicen, desde que nace, en todos los tonos, buenos y malos, y hasta predicando con el ejemplo, que lo más importante son los hijos, el hogar y su marido, y que ella siempre se tiene que poner en último lugar? Y por si cargar con el lastre de la educación no fuera suficiente peso, las mujeres también llevan en sus hombros la típica y admirada actitud de abnegación de las madrecitas mexicanas que aceptan los designios fatales como si fueran divinos y el "te tocó ser mujercita, ni modo" lo llevan grabado en el alma.

La libertad de espíritu es el dominio que tenemos sobre nuestras pasiones y nuestro ánimo. Se podría pensar que esta libertad es inherente al ser humano, que todos gozamos de ella porque simplemente existe. Pero no es así. La exteriorización y la manifestación del ánimo es parte fundamental de esta libertad y muchas mujeres no tienen la posibilidad de demostrar lo que sienten. Al contrario, se les inculca, desde pequeñas, a resistir estoicamente el sufrimiento y hasta a enorgullecerse de poder fingir que andan alegres aunque "haiga" penas. Las mismas mujeres aconsejan a sus hijas, tras un pleito conyugal, que se arreglen, se pongan bonitas y actúen como si nada hubiera pasado y todo estuviera bien. Es válido que las mujeres se sientan bien y felices con ellas mismas siempre y cuando no lo manifiesten tan abiertamente, y así evitarse comentarios del tipo "y ahora a ti qué te pasa, te volviste loca o qué".

La libertad para hacer o actuar es la más evidente y reconocida de todas. Es casi siempre a esta libertad que nos referimos cuando decimos que alguien no es libre o está preso. Esta libertad se puede coartar con cadenas, con barrotes o con guardianes, pero también de otras formas, tan crueles como las anteriores y sin embargo socialmente aceptadas. En la casa paterna las mujeres tienen que pedir permiso a la mamá, al papá, a los abuelos y hasta a los hermanos si son mayores que ellas para poder salir o regresar. En la escuela, esta denigrante costumbre de pedir permiso se enfatiza y se refuerza con la figura del maestro. ¡hay que pedir permiso hasta para poder ir al baño! Y en cuanto una mujer formaliza una relación con un hombre —novio, amante, pareja, esposo— éste se convierte en la autoridad con el poder de la última palabra. Y pedir permiso no implica, necesariamente, pronunciar las palabras "me das permiso", se hace también a través de una actitud sumisa, del tono interrogativo que utiliza la mujer al comentar alguna idea o plan y con la espera de una señal o comentario de aprobación. Una mirada condenatoria por parte de él se traduce claramente como un "no tienes mi permiso". La libertad para actuar se ve limitada con cuestionamientos del tipo "a dónde vas", "con quién" o "a qué hora vienes" y también con las malas caras con las que se enfrentan al regresar a la casa un poco más tarde de lo esperado. Los hombres más educados y "liberales" quizás sean más sofisticados con sus argumentos: "bueno, cómo tú quieras, pero yo no estoy de acuerdo" que conlleva a hacer tambalear la confianza en sí misma de la mujer y a aceptar la culpa anticipada de cualquier cosa que pudiera resultar de dicha acción. Y, por supuesto, si esto llegara a suceder, el hombre se regocijaría con el típico te lo dije, pero no me hiciste caso.

No existe una justificación para que las mujeres no puedan de ejercer su derecho a ser libres, realmente libres. Lo único que hay son explicaciones retrógradas y primitivas, maquilladas para hacerlas parecer válidas y sustentadas en razones que tienen mucho peso en nuestra sociedad: el trilladísimo amor por los hijos ("hago el sacrificio por mis hijos"), el cumplimiento del deber como esposa ("una buena esposa siempre sabe cuál es su lugar") y el lugar de privilegio que hay que darle al marido por el simple hecho de ser hombre ("yo siempre le doy su lugar porque es mi marido"). La realidad, llana y simple, es que ni las mujeres ni los hombres han comprendido que las mujeres no somos propiedad de nadie, no podemos ser poseídas por otro ser humano. Somos personas tan inteligentes como ellos, muy sensibles y con una capacidad extraordinaria para amar y una fuerza interna que nos permite levantarnos una y otra y otra vez y seguir adelante.

El problema en México, a diferencia de otras sociedades, es que la ausencia de libertad real y plena es sutil y está disfrazada. Se oculta detrás de la pantalla de una familia bien llevada. Aún cuando el porcentaje de mujeres que contribuyen a la economía familiar ha aumentado significativamente en los últimos años (hoy día es 30% de las mujeres entre 12 y 60 años de edad son "jefas" de familia, CONAPO 2009), el trato que reciben en la casa sigue siendo el mismo de antes, el de siempre. Por supuesto que la incorporación de la mujer a la fuerza laboral es un gran avance en el desarrollo social de nuestro país, pero para las mujeres ahora la vida es mucho más dura porque además de trabajar fuera de casa, tienen que seguir estando al pendiente, al servicio incondicional, del esposo y de los hijos. Pero ¡las cosas pueden cambiar! Muchas mujeres ya lo han logrado o están en el proceso. No es fácil, pero se puede. Depende de nosotras mismas. Lo que viene a continuación no es una receta mágica, son, simplemente, algunos pasos que pueden ayudar a las mujeres a recuperar la libertad perdida a lo largo de muchas generaciones de sumisión:

1. Lo primero que se tiene que hacer es trabajar en fortalecer la confianza en nosotras mismas. Aprender a querernos por sobre todas las cosas. ¡Sí, Por sobre todas las cosas! Y esto incluye a los hijos, a los padres y, por supuesto, a nuestras parejas. Sólo si nos queremos más que a nadie podremos

estar en posición de querer a otros. Nuestra autoestima tiene que fortalecerse y no debemos permitir que nada la dañe.

2. Lo siguiente sería reconocer, hacer conciencia, que no somos realmente libres, plenamente libres. Y esto, quizás, sea lo más difícil porque muchas de nosotras estamos ya acostumbradas a ser cuestionadas, en tono suave y con cariño, pero cuestionadas al fin. Vemos como normal dar explicaciones de nuestras acciones y damos por sentado que las malas caras son parte de la convivencia en pareja y aprendemos a vivir con ello. Como dice Ricardo Arriaga Campos en su ensayo sobre *Los amores imposibles o estrategias para combatir el desamor* "No podemos reconocer y mucho menos cambiar nuestra realidad mientras no nos deshagamos de la costumbre amarga, del acre dolor silencioso, del engaño y el autoengaño, sobre todo el autoengaño." Analicemos pues nuestra vida, nuestra realidad y seamos honestas con nosotras mismas: realmente somos libres?

3. Después de la etapa de reconocimiento viene el tomar la decisión de si queremos cambiar o quedarnos así. Es mucho más cómodo, más fácil, no cambiar. Como seres racionales e inteligentes hemos encontrado la manera de darle la vuelta a las cosas, de sobrevivir, de fabricarnos escudos protectores para que las agresiones, físicas, verbales o emocionales, no nos dañen tanto. Pero hay que pensar muy bien. Esta es la única vida que tenemos, ¿realmente queremos vivirla así?

4. Finalmente, si logramos llegar a este punto lo que nos toca es provocar el cambio. Las cosas no pasan solas. Hay que tomar acción y prepararse para las reacciones que van a venir de regreso, pero, eventualmente, lograremos el objetivo.

¿Cuál es la razón que me motivó a escribir estas reflexiones? Es el hacerle ver a mi madre, mis tías, mis amigas y compañeras y, sobre todo, a mi hija y a todas las jóvenes mujeres de nuestro país que nacemos con el derecho irrevocable de ser libres, pero hay que aprender a ejercerlo y, así, llegar a ser libres. Y decirles que en algún momento se tienen que romper los esquemas y los patrones para que las nuevas generaciones de mujeres tengan mejores oportunidades para ser felices y alcanzar un nivel de autorealización que hasta ahora ha sido privilegio de unos cuantos. ¿Porqué no empezar ahora mismo? ¿Qué estamos esperando? No aceptemos que así son las cosas por inercia o pereza. Entre más tiempo pasa, más difícil se vuelve y la esperanza de alcanzar esa libertad se va desmoronando.

DÓNDE ENCONTRAR LA INSPIRACIÓN

Estoy segura. A todos los que escribimos, o aspiramos a llegar a escribir más o menos bien algún día, nos ha pasado. Y no una, sino muchas veces. A mí me ocurrió, otra vez, justo esta semana. Con entusiasmo y una gran ilusión me senté frente a la computadora con la firme intención de comenzar a escribir un texto nuevo para el proyecto en el que estoy trabajando. No podía haber encontrado un mejor momento para trabajar. A través del ventanal que se extiende casi de muro a muro frente al escritorio donde normalmente escribo, se apreciaba un cielo de octubre limpio y azul, y un poco más allá, un pequeño bosque templado conformado por pinos de varios tipos, abetos, abedules y grandes matorrales. La majestuosa silueta del Ajusco se veía al fondo. No hacía ni frío ni calor. Estaba yo sola en la casa. No había ruido ni distracciones. A lo lejos se escuchaba el ladrido de algún perro escandaloso y los silbidos de los petirrojos y los colibríes que han encontrado resguardo en esta zona periférica de la ciudad de México.

Con los dedos estratégicamente acomodados sobre el teclado y la vista clavada en la pantalla, estaba lista para arrancar. Escribí el título. No era el definitivo, pero por el momento era suficiente. Doble espacio. Tecleé cuatro palabras introductorias que en seguida borré. Pasó un minuto y luego otro. Se me ocurrió otra frase, pero al escribirla tampoco me gustó. Al poco rato escribí un par de oraciones, pero me detuve porque ya no supe cómo continuar. Yo había creído tener un tema fantástico en mente, ¡pero no lograba escribir ni tres renglones! Empezaron a transcurrir los minutos y entonces me desesperé porque me di cuenta que no sabía cómo comenzar. De hecho fue mucho más grave que eso. Ya no sabía ni qué quería escribir. Perdí el foco y la concentración. Luego sentí angustia y frustración frente a la página en blanco que se desplegaba impecable frente a mí. Me dieron ganas de llorar. Había perdido la inspiración…

Ese día no me pude sobreponer a la frustración ni recuperar el ánimo. Estuve callada, pensativa y de mal humor. Ricardo, nuestro profesor, nos ha dicho cien veces, o más, que el escribir bien no es únicamente cuestión de inspiración, sino de pasión, motivación interna y trabajo, mucho trabajo, el cual involucra metodología, disciplina y constancia, así que yo sabía, en el fondo, que si no había logrado escribir ni un renglón era porque no había planeado el trabajo como se debe. Estaba enojada conmigo misma por no seguir las recomendaciones de alguien que es experto en la materia. Al día siguiente, ya sin enojo ni berrinche, decidí que quería escribir sobre el tema de la inspiración, o la falta de inspiración y qué se puede hacer para encontrarla. Me puse a hacer "la tarea" como se debe.

Lo primero es dejar en claro si la inspiración existe realmente o no. Les tengo una buena y una mala. La buena es que sí existe, sin lugar a dudas. La mala, por lo menos para algunos románticos, es que no es una diosa apenas cubierta por delicados velos e hilos de oro, ni una musa griega de cabello largo con el laúd en la mano, y tampoco un ángel divino que se presenta a mitad de la noche y nos habla dulcemente al oído. Me temo que la definición de inspiración es mucho más prosaica y terrenal de lo que quisiéramos: es un proceso fisiológico a través del cual se crean nuevas conexiones neuronales (nuevas ideas) y que, en algunas personas, artistas creadores casi todos, desencadena una sensación de éxtasis y felicidad. ¡Es terrible que algo sublime y poético como la inspiración quede reducido a algo así! No me quedé tranquila y quise saber más...

Hay, por supuesto, mucha controversia con respecto al tema, pero es un hecho aceptado por todos los que algo tienen que ver con el trabajo creativo, que a veces se conjuntan una serie de factores que, literalmente, inspiran al autor una idea específica. Encontré que algunos autores definen inspiración como "el momento preciso en que se suscita una idea aprovechable para la literatura". Dicha idea es inmediatamente reconocible como factible de ser capturada o retratada en una obra literaria y surge a raíz de un estímulo —un hecho, pensamiento o sensación— que se da en el momento preciso. Torrente Ballester dice que lo que llamamos inspiración es simplemente el momento en el que un estímulo externo o interno, absolutamente imprevisible, pone en juego todo un sistema de imágenes que existen dentro del creador; el estímulo las despierta y entonces al escritor se le ocurren cosas que no había pensado antes. Para Gabriel García Márquez, en cambio, inspiración es algo totalmente diferente: "Yo no la concibo como un estado de gracia ni un soplo divino, sino como una reconciliación con el tema a fuerza de tenacidad y dominio. Cuando se quiere escribir algo, se establece una especie de tensión recíproca entre uno y el tema, de modo que uno atiza al tema y el tema lo atiza a uno. Hay un momento en que todos los obstáculos se derrumban, todos los conflictos se apartan, y a uno se le ocurren cosas que no había soñado, y, entonces, no hay en la vida nada mejor que escribir".

Aunque no hay una definición de inspiración universalmente aceptada, todos los artistas creadores están de acuerdo en que "existe un momento que los invade, de tiempo en tiempo, en el que se siente una sensación de felicidad plena que los persuade y convence de la existencia de su capacidad creadora y a ese momento podemos llamarle inspiración" (Kafka).

Pero, ¿qué sucede cuando ese momento sublime o esa nueva idea no se hace presente? Entonces decimos que perdimos la inspiración. Esto puede ocurrirle a quien sea y en cualquier momento, pero muchas veces sucede al comienzo de un nuevo proyecto literario y entonces se siente miedo y angustia. El sentimiento de impotencia que nos invade cuando, pese a una gran disposición y optimismo (a veces desmesurado en los jóvenes aprendices de escritor), no logramos escribir ni el primer párrafo de lo que se supone es una idea inspiradora se conoce como "el miedo a la página en blanco". Algunos escritores lo describen como un momento de agobio o de temor al quedarse en blanco y no saber qué hacer. Es una especie de parálisis psicológica en la primera etapa de un proyecto. También se le conoce como el miedo escénico de los escritores. Si se supera, el escritor siente alivio y un placer muy grande, comienza con su trabajo y entonces se convierte en creador. Pero si no se logra superar, el sentimiento de frustración y decepción puede ser muy fuerte. Se pierde la confianza en uno mismo y se puede llegar al punto de cuestionar si realmente tenemos las aptitudes y capacidades necesarias para convertirnos en escritores —esto en el caso de los que estamos todavía en el proceso de formación—. Normalmente abandonamos la idea de escribir, por lo menos durante ese día, y nos alejamos de la computadora, de la hoja en blanco, con una profunda sensación de tristeza y un vacío en el alma que duele.

Pero, ¿cómo hacemos o qué hacemos para encontrar la inspiración y acabar con el temor a la página en blanco? Los "maestros" de la escritura coinciden en que la mejor manera es escribiendo. Escribir algo, aunque sea malo. Ya después se podrá revisar, corregir y trabajar hasta lograr el resultado deseado. "Que la musa te pille trabajando", decía Borges. "… uno tiene que ejercer el hábito de escribir para ser digno de esa visita ocasional o eventual de la musa, porque si una persona no escribe nunca, y se siente inspirada, puede ser indigna de su inspiración o puede no saber cumplir con ella. Pero si todos los días escribe, si está continuamente versificando, eso ya le da el hábito de versificar, y puede versificar lo que no sólo es versificación, sino poesía genuina". Pero para los que nos fuimos agraciados con la genialidad de los grandes escritores, no es suficiente con escribir de manera constante y disciplinada, también es imprescindible contar con herramientas que faciliten el proceso creativo, que nos ayuden a encontrar esa nueva idea que puede convertirse en un nuevo texto literario. En otras palabras, necesitamos recurrir a metodologías que nos ayuden a encontrar la inspiración.

Mi experiencia como aprendiz de escritor es sumamente limitada, pero en este corto tiempo he podido confirmar, con su respectiva dosis de enojo y frustración, que al utilizar alguna metodología se logran textos de mejor calidad que cuando se escribe de manera espontánea y sin un plan previo. Es por esta razón que quiero compartir con ustedes la estrategia que a mí me ha funcionado para evitar ese doloroso bloqueo mental al comienzo del cualquier proyecto; o, por lo menos, para poder salir de él más rápidamente y sin heridas profundas o permanentes. No es una receta mágica. Es una versión extremadamente resumida de algunas recomendaciones y metodologías que el doctor Ricardo Arriaga Campos ha compartido con la clase en un curso cuyo objetivo es, precisamente, vencer el miedo escénico para luego atrevernos a plasmar en papel, de manera ordenada y estética, los pensamientos que queremos compartir con otras personas.

La estrategia es en realidad muy simple, pero muy efectiva. Consiste de dos pasos: primero, tener un plan general de lo que se quiere escribir y, segundo, recurrir a alguna metodología para liberar la creatividad.

1. Plan general. Nunca debemos sentarnos frente a una hoja en blanco sin tener un plan o idea general de lo que queremos escribir. El plan debe constar de lo siguiente: el tipo de texto que nos interesa escribir (i.e., narración corta, ensayo, carta), a quién va dirigido, el lenguaje y el tono que queremos utilizar (formal o casual), la longitud aproximada del texto, el título y, finalmente, una tabla de contenidos o índice del flujo que el texto va a seguir. Sin una idea clara de lo queremos escribir no podemos, no debemos nunca empezar a escribir, así como no podríamos empezar a construir una casa sin un plano arquitectónico.

2. Metodologías que ayudan a liberar la creatividad. Las herramientas que a continuación menciono no son las únicas que existen, son, simplemente, las que yo conozco hasta ahora y he tenido la oportunidad de aprender a utilizar. El objetivo de todas ellas es estimular nuestra mente. Algunas favorecen los estímulos visuales mientras otras se van más por el lado auditivo o incluso el emocional. Para escribir un texto se puede utilizar sólo una de ellas o varias, dependiendo del tipo de documento que queramos lograr.

- Lista de sustantivos y adjetivos. Podemos crear una lista relativamente larga de sustantivos y adjetivos, todos en un mismo tono, los cuales vamos a forzarnos a usar. Al hacerlo, nuestra creatividad aumenta porque hay que pensar más y más cosas para poder agotar la lista (es una condición de esta metodología) y además nos garantiza que vamos a lograr el tono deseado.

- Descripción de personas. Se hace un diagrama en el que ponemos el nombre de la persona en el centro, y alrededor del nombre se escriben seis o siete preguntas: cómo es físicamente, cómo es su personalidad, cómo nos conocimos, qué pienso de ella, qué disfrutamos hacer juntos, qué la hace diferente de otras personas y qué planes tenemos a futuro. Las preguntas se responden, en una primera etapa, con palabras sueltas. Dedicando cinco minutos a cada pregunta hay que escribir todas las palabras que nos vengan a la mente, sin pensar. Una vez terminado este proceso, para cada pregunta hay que escribir un párrafo o dos utilizando la mayor parte de las palabras que escribimos. Finalmente, hay que unir todos los párrafos con algunos elementos unificadores.

- Descripción de objetos. Se hacen tres tipos de descripciones de un objeto en particular: una descripción física y objetiva, una descripción más conceptual, cultural o histórica y una descripción subjetiva donde ya podemos escribir lo que ese objeto significa y cómo nos hace sentir. Una vez que tenemos listas las tres descripciones, hay que escribir un texto en el que utilicemos las tres, entrelazándolas y combinándolas entre sí.

- Fotografías o imágenes. Consiste en mirar una fotografía y describir, lo más detalladamente que se pueda, lo que vemos en esa foto. La condición es que sea sólo descripción, sin inventar historias ni introducir opiniones ni elementos subjetivos. Una vez que la descripción está terminada y enriquecida con elementos de adjetivación, entonces si podemos utilizarla como punto de partida o de inspiración para contar y escribir una historia. Se pueden utilizar varias fotografías para un mismo texto.

- Escena de película. Es una técnica similar a la anterior, sólo que el punto de partida es la escena de una película en lugar de una fotografía. El resultado es diferente porque la escena forma parte de un todo (la película) que ya trae implícito un tono, una ambientación y una trama que van a verse reflejados en nuestra descripción, ya sea de manera directa o indirecta (lo hagamos de manera consciente o no).

- Secuencia de hechos o acontecimientos significativos con un orden temporal. Esta metodología funciona muy bien para escribir biografías o narraciones cronológicas. Primero escribimos oraciones o frases muy simples para enumerar, en orden, los hechos importantes. Luego podemos trabajar cada idea o bloque agregando elementos literarios para transformarlo en un párrafo interesante. Al final se tienen que unir todos los bloques utilizando elementos unificadores.

Entonces, ya para concluir, que no quede duda: la inspiración sí existe.Es real, tangible y la podemos encontrar en la vida misma. Porque la inspiración no es sino algo que estimula nuestra mente y nuestras emociones a un nivel más alto de creatividad, y los estímulos están ahí mismo, son parte de la vida de todos los días. De ahí que… para poder escribir, lo primero que se necesita es vivir.

LA OTRA

La otra es siempre la segunda, la de menor jerarquía, de la que no se debe hablar... Pero en este caso, la otra es quizás la más fundamental, porque sin ella no existiría la primera. La otra sensualidad, la que no está ligada a la atracción del sexo opuesto sino al disfrute de la vida a través de los placeres de los cinco sentidos, es una de las capacidades más maravillosas del ser humano. Nos permite disfrutar plenamente el aquí y el ahora, escaparnos de la terrible cotidianeidad de lo rutinario y transformar cada día una deliciosa experiencia sensorial.

Todos sabemos lo que son los cinco sentidos y estamos conscientes que empezamos a utilizarlos desde el momento de nacer. Gracias a ellos vamos aprendiendo a conocer y a relacionarnos con nuestro entorno, pero ¿en qué momento estamos preparados para apreciar la vida, deleitarnos con ella, de manera mucho más consciente y refinada a través de la vista, el oído, el olfato, el gusto y el tacto? Quizás lo vamos haciendo poco a poco, conforme pasan los años y nos volvemos menos prácticos y un poco más sabios; tal vez cuando nos sabemos aceptados, queridos y completos con nosotros mismos, satisfechos y felices con la vida que llevamos. O tal vez sólo cuando ya hemos aprendido a vivir. Cuando somos sensuales en el sentido de las sensaciones y exploramos el mundo a través de nuestros sentidos, podemos disfrutar de cosas que, tristemente, pasan desapercibidas para la gran mayoría de los seres humanos.

Una persona sensual se deleita profundamente viendo, escuchando, saboreando, tocando y oliendo, y el deleite, resultado del asombro ante una nueva maravilla descubierta, puede ser tan intenso que la hace sonreír y a veces hasta llorar. Cada día descubre algo nuevo y diferente: la forma de las nubes, las tonalidades del cielo, el sonido de la lluvia, el viento en su rostro o el sabor de las frutas. Hasta el acto más simple puede convertirse en un mundo de sensaciones deliciosas.

"Esta mandarina estaba exquisita –fresca, perfumada, dulce, dócil--.
La he pelado como se desnuda a una mujer".
(Jorge Guillén)

Una persona sensual disfruta enormemente perderse en el azul del horizonte infinito y se estremece al contemplar los amaneceres naranjas y rosados que nos hablan de esperanza, vida y optimismo. Se emociona, y a veces llora, cuando una secuencia de palabras es perfecta o infinita y cuando una conjunción de acordes musicales es poesía y es sempiterna.

Los hombres y las mujeres sensuales se regocijan con

los sabores. Disfrutan el vino buscando y encontrando las sutiles notas aciduladas de los frutos rojos o negros y los cálidos toques apenas perceptibles de pimienta, especias o maderas. Se deleitan con el café o el chocolate —oscuro por supuesto—, la chispeante frescura de los cítricos, la miel casi adictiva de las frutas dulces y la suave sensación aterciopelada, casi erótica, de los frutos carnosos.

Las personas sensuales se recrean con los olores de todo lo que los rodea. Han descubierto el olor de lo tangible y de lo abstracto. El olor de una fría mañana de enero o de una cálida noche tropical, el olor de la música o de las praderas, del enamoramiento y del extrañamiento. El olor de la lejanía, de la nostalgia y de los recuerdos que forman parte de un pasado ya vivido.

El tacto... Si no pudiéramos sentir, los besos, las caricias, el contacto íntimo de las manos entrelazadas y el reencuentro de dos almas que quieren fusionarse en una sola no tendrían razón de ser. Los momentos más sublimes de nuestra existencia no sólo quedan grabados en el alma, también en la piel. En las palmas de las manos y en los labios.

Al despertar y avivar nuestros sentidos, intensificamos nuestra capacidad de ser sensuales en todas las dimensiones de la existencia humana. No es casualidad que muchos escritores y poetas han escrito acerca de los sentidos, haciendo referencia a ellos, viviéndolos de nueva cuenta, describiéndolos o sufriendo su ausencia, casi siempre ligados al recuerdo de un amor o de un encuentro sublime.

Algún día escribiré un poema
Que se limite a pasar los dedos por tu piel
Y que convierta en palabras tu mirada...
Algún día escribiré un poema
Que huela a ti...

(Darío Jaramillo A. Colombia 1947)

Hablemos, pues, de la otra... Pero no nos limitemos a hablar. Disfrutemos el ser sensuales todos los días de nuestra existencia y recordemos que sin sensualidad no hay poesía. Sin sensualidad no hay música. Sin sensualidad no hay amor. No hay vida.

CARTAS

INTRÍNSECAMENTE FELIZ

Estimado Ricardo:

De entrada quiero decirte algo. ¡No puedo creer que yo te haya respondido así: "No guapo"! Como si la guapura fuera la cualidad más importante y determinante en un hombre y hubiera que referirse a ella antes que mencionar cualquier otra cosa. Pero en realidad no es guapo. Es un hombre inteligente, culto, estudioso interesado en las ciencias y con una madurez y seguridad en sí mismo que sólo se alcanzan después de haber vivido unos 40 ó 50 años. Es un hombre tranquilo, reservado y muy discreto, de los que observan, analizan y luego se forman una opinión muy completa de la situación o persona en cuestión, pero no la comparten. Dice que hay que dejar que la gente sea como es y ya. Siempre ha sido paciente y tolerante y opina que las cosas pasan a su debido tiempo, cuando tienen que pasar. Se ha convertido en un ávido lector y su vicio más arraigado es leer el periódico todos los días, pero no en las mañanas como las personas que con ansia desesperada leen para enterarse de las noticias del día, ¡no!, en las noches, cuando las noticias ya no son noticia, cuando el día ya no es día, cuando ya no hay nada más que hacer, cuando ya no hay prisa… porque la verdadera razón de leer el periódico no es enterarse de las noticias del día que ya acabó, es el leer por el placer de leer, y esto se hace con calma porque es un ritual de relajación y desahogo: sentarse en el mismo sillón todas las noches, con la luz del lado izquierdo, el olor a periódico, el sonido al voltear cada página, leer en un formato de columnas y saborear, saborear las editoriales, los comentarios y las caricaturas y chistes de Catón. Es un momento de relajación envidiable.

Además del ritual del periódico, Francisco disfruta mucho de la música clásica y la ópera, pero no basta con escucharla, hay que apreciarla, y para ello es necesario conocer un poco del compositor, comprender su entorno y personalidad y las razones que lo llevaron a componer tal o cual obra. Y entonces resulta que el gusto por la música está intrínsecamente ligado a la lectura que, como ya mencioné, es su mayor vicio. En últimas fechas, Francisco también se ha interesado en los vinos. Ha aprendido a disfrutar de la degustación y el maridaje, no sólo en restaurantes sino en casa, un poco al estilo europeo donde el vino no es sinónimo de elegancia o fiesta sino uno de los placeres de la vida cotidiana. La lectura, la música y el vino son entonces los pasatiempos que realzan la vida de Francisco.

Francisco es de estatura mediana, complexión delgada y moreno, aunque han sido el sol y el trabajo en las playas y lagunas los causantes de ese tono moreno medio quemado y reseco que es normal en la costa pero no en las ciudades donde la mayor parte de nosotros vivimos encerrados y protegidos del sol. El cabello era café, casi negro, y moderadamente rizado, pero con el tiempo se ha tornado café a secas, intercalado por esas canas que en los hombres nunca se ven mal, y como siempre lo usa corto parece como si se le hubiera alaciado con los años. Yo diría que se ve varonil y fuerte, porque un hombre a los 53 años no es viejo y el ejercicio y las pesas se notan. El trabajo al aire libre también contribuye a un aspecto físico saludable y fuerte. Rodeado siempre de gente joven, su estilo se ha mantenido casual e informal, pero nunca descuidado o desaliñado, y la energía y actitud positiva siempre han sido parte de él. Divertido, sociable cuando se requiere, disfruta de la compañía de la gente siempre y cuando no sean reuniones rutinarias o de esas que se sienten como de obligación o de compromiso.

Seguramente querrás saber cómo nos conocimos. Bueno, pues nos conocimos, como muchas personas, en la universidad, cuando yo tenía 20 años y él 23, o sea a una edad en la que es normal conocer a una pareja. Quizás la única circunstancia que hizo nuestro encuentro un tanto diferente fue que Francisco era profesor y yo alumna, y justamente impartía una de las materias que yo llevaba. Contrario a lo que uno se pudiera imaginar, la situación no tenía nada de romántico, más bien era complicado, muy complicado. Lo que sí fue muy bueno es que nos conocimos "al natural", tal cual somos, en los laboratorios de biología marina de la universidad y en las playas, aprendiendo a hacer investigación de campo en algunas de las zonas más tropicales del país, donde la infraestructura para la investigación es prácticamente inexistente y donde el calor y la humedad te fuerzan a vivir día y noche en shorts, playera y el cabello recogido con una liga o una pañoleta, ¡a veces hasta sin agua dulce para bañarse! No sé si fue porque éramos muy jóvenes o porque formábamos parte de la comunidad de biólogos de la universidad, pero nunca nos interesó ir a tomar el típico café de parejitas o ir a lugares lindos a comer o a bailar. Pasábamos mucho tiempo al aire libre, solos o acompañados por amigos del mismo gremio, hablando, ya desde entonces, de la contaminación, del calentamiento global, la extinción de las especies y todos esos temas que eran privados de las comunidades científicas y que todavía no se ponían de moda ni se usaban como titulares para atraer lectores a algunas de las revistas más vanas y superfluas que conozco. Un día, cuando calculamos que el dinero nos alcanzaba para pagar la renta y comer, decidimos casarnos. Éramos jóvenes optimistas, llenos de energía y sin tiempo para ser pesimistas o considerar las cosas que normalmente agobian a las personas maduras como nosotros el día de hoy. A esa edad no es necesario ser previsor, contar con un seguro médico o tener donde caerse muerto. Se vive al día. Se vive la vida.

Pienso que, en todos estos años, hay una parte de Francisco que ha cambiado y otra no. Sigue siendo la persona enamorada de la biología marina que conocí hace mucho tiempo. Su mundo fuera de casa sigue siendo la universidad, la investigación, las playas tropicales, los congresos y, de vez en cuando, algún crucero oceanográfico financiado casi siempre por alguna organización primermundista. Está contagiado de esa bendita fiebre de querer seguir estudiando y aprendiendo que, por fortuna de la humanidad, achaca a muchos de los científicos e investigadores en todas las universidades del mundo. Siempre ávidos de compartir opiniones, generar nuevas teorías y buscar maneras alternativas de mirar los problemas, los investigadores siempre son jóvenes y ágiles de mente. Sin embargo, en otros aspectos, Francisco se ha vuelto más sofisticado y más culto. Su interés por la música clásica, la ópera y la enología son un claro ejemplo de sus gustos refinados de hoy día. Ha pasado de leer libros o revistas de ciencia ficción a la novela histórica, a la poesía y a la filosofía. Disfruta de la alta cocina siempre y cuando no implique ir a un restaurante de esos donde se siente que el aire pesa y que hay ojos en las paredes.

Además de ser un hombre completo por sí mismo y un profesionista realizado, Francisco es el mejor papá que he conocido. Desde el primer día estuvo al pendiente de nuestros 3 hijos, y sigue estando. Fue él quien se levantó mil veces en las noches porque alguno de los niños tenía frío, hambre, fiebre, tos o simplemente ganas de platicar. En aquellos tiempos no era normal ver a un papá en la puerta de la guardería terminando de alistar a sus hijos y dándoles el beso de despedida antes de dar media vuelta y salir corriendo para llegar a alguna reunión o clase. Una vez tuvo que llegar a la universidad a presentar un trabajo final de doctorado con Alejandra, de apenas cinco o seis meses, porque la persona que nos ayudaba a cuidarla no llegó a tiempo por uno de tantos despelotes que se daban en aquellos tiempos en las calles de la ciudad de Caracas. Muchas veces fue a las reuniones del kínder o la primaria solo, y llamaba la atención por ser el único papá presente, felizmente casado con una mamá que estaba ausente por razones de trabajo. Y hoy día sigue apoyando a sus hijos en mil cosas que se les ofrecen aún cuando ya tienen 24, 23 y 18 años.

Si como papá Francisco ha sido extraordinario, como esposo ha sido más que eso. Dependiendo del momento y de la época de la vida, Francisco ha sido mi maestro, mi amigo, mi colega, mi confidente, mi esposo, mi compañero y mi paño de lágrimas. Los dos compartimos la misma visión de la vida y nos hemos apoyado para que cada uno pueda hacer lo que quiere hacer, y esto, Ricardo, es una de las cosas más valiosas de nuestra relación porque nadie debe dejar de hacer lo que quiere hacer en la vida por nadie... los sacrificios de amor que no terminan en resentimiento sólo existen en los cuentos de hadas.

A lo largo de todos estos años hemos disfrutado juntos de infinidad de cosas, pero quiero mencionar las más comunes en estos últimos tiempos. Nos encanta ir al gimnasio y luego desayunar algo nutritivamente rico acompañado por un café que saboreamos con toda calma. Disfrutamos mucho la buena comida, pero tiene que ser un lugar donde la calidad del servicio sea tan buena como la comida y en un momento del día cuando no hay mucha gente. Nos encanta revisar las últimas novedades en las librerías aunque a veces no compramos nada porque en la casa tenemos todavía libros pendientes por leer, ¡sobre todo yo! Alguna vez hemos podido asistir a algún concierto u ópera de esos que te dejan marcado para siempre, como la primera vez que escuchamos Carmina Burana en Bellas Artes o la ópera de Romeo y Julieta interpretada por Rolando Villazón y Anna Netrebko. En la televisión rara vez hay algo que valga la pena como para mencionarlo aquí, ¡pero los capítulos de *Two & a Half Men* nos encantan! Están por supuesto el cine, las comidas familiares, las visitas a casa de los abuelos o los acontecimientos especiales de familia y todas esas cosas que todo mundo hace y disfruta.

En cuanto a las vacaciones, nos encanta ir a playas donde casi no hay nadie, o a parques nacionales donde uno se puede perder por horas sin toparse con persona alguna. O a visitar ciudades o ruinas donde la vida cotidiana se transformó en historia . . . y leer ahí mismo cómo eran las cosas en ese mismo sitio hace siglos . . .

Después de haber leído lo anterior, querrás saber cómo es Francisco diferente de otras personas que conozco o que trato. Tú, yo y todos sabemos que todas las personas son diferentes, y entonces parece fácil explicar que diferencia a Francisco de otras personas. Pero no quiero entrar en lo obvio, en lo trillado. Por eso estuve pensando en la esencia misma de la persona. Y ahora te puedo decir que Francisco es diferente al resto de la gente porque es, simple y llanamente, feliz con su vida toda. Feliz en el sentido de disfrutar lo que hace. Feliz en el sentido de sentirse tranquilo y completo con él mismo. Feliz de estar en el presente y gozar del tiempo que se tiene. Feliz y satisfecho por lo logros del pasado. Feliz de pensar que todavía hay mucho tiempo por delante. Una persona que es intrínsecamente feliz, como Francisco, no gasta su tiempo en criticar o juzgar a los demás, se interesa en el arte, la historia, la literatura, la música y todo aquello que es de admirarse, saborearse o disfrutarse. Sólo cuando una persona es feliz puede tomarse el tiempo para admirar el mundo en el que vivimos, las playas vírgenes, los bosques solitarios. Alguien que es feliz encuentra placer, sosiego y desahogo todas las noches con el simple hecho de leer periódico.

Nuestros planes a futuro son muy simples: estar bien con nosotros mismos, vivir la vida al máximo y seguir siendo felices. Y estos tres conceptos involucran un sinfín de cosas y actividades, desde seguir trabajando hasta viajar para conocer lugares mágicos en diferentes partes del mundo. Vivir nuevas experiencias, aprender nuevas cosas, disfrutar tanto el estar solos como acompañados. Pero quizás sea más importante hablar de algo que definitivamente no está en nuestros planes: caer en una rutina de inactividad, porque son estas rutinas las que acaban con las personas antes de tiempo.

Bueno, Ricardo, te dejo por el momento y espero con ansia tu respuesta a esta carta. Pronto te escribiré otra vez con otros temas que quiero compartir contigo. Cuídate mucho y se feliz.

EL GENERAL

Anoche di por concluida esta carta que, entre una cosa y otra, me ha tomado dos o tres semanas escribir. Imprimí una copia de lo que supuse sería la última versión para leerla días después, con calma y desde otra perspectiva. Luego guardé el documento en el archivo de los "textos listos para revisión". Sin embargo, esta mañana, durante un vuelo sorprendentemente tranquilo y poco concurrido de México a Atlanta, me entró ese necio sentimiento de angustiosa intranquilidad que en últimas fechas aparece cuando algo de lo que escribo no me deja del todo contenta o satisfecha. Lo de anoche fue un reflejo traidor de la imperiosa necesidad que sentía por cerrar una semana terrible y agobiante, la peor que he tenido en mucho tiempo. Dar por terminada la carta fue un acto simbólico que dejaba en el pasado todo lo sucedido estos últimos días, incluyendo el choque y el robo del que fui víctima. Afortunadamente me di cuenta de esto a tiempo, y con resignación, pero también contenta, retomé la carta. Ahora estoy de nuevo frente a la inclemente pantalla trabajando en lo que ahora sí será la última versión de "El General".

Quiero contarte todo lo que ha pasado desde la última vez que nos vimos, Álvaro, a finales de julio. Han ocurrido muchas cosas, pero lo primero que me viene a la mente es Doroteo, quizás porque ya habíamos hablado de él, o tal vez porque ha estado muy presente en mi vida en estas últimas semanas. No importa cuál sea la razón, quiero hablarte de él.

Algunas personas dicen que hablo de Doroteo con demasiada frecuencia y con un entusiasmo desmedido que despierta la curiosidad de cualquiera y el deseo de conocerlo. No lo voy a negar. Doroteo significa mucho en mi vida y existe entre él y yo una relación única. Siento gran admiración hacia él y un cariño profundo que a veces quiere parecer amor. Te estoy hablando de un hombre maduro, de casi 60 años que lleva más de veinte en el anonimato de una vida aceptablemente acomodada, pero que nunca ha dejado de ser excitante y provechosa. Es sumamente formal y serio en sus cosas y sabe perfectamente lo que quiere y cómo lo quiere. Mi abuela diría que es "hombre de una sola pieza". Tiene una personalidad muy fuerte, de esas que imponen respeto, distancia y a veces hasta un poco de miedo. Yo nunca podría tenerle miedo, por razones que más adelante comprenderás, pero he visto cómo muchas personas, hombres y mujeres por igual, son incapaces de sostenerle la mirada cuando él las encara de manera directa. Algunos hasta bajan la vista en su presencia. Se desenvuelve con una confianza extraordinaria en cualquier ambiente y posee una seguridad en sí mismo que se nota y se deja sentir. Desde joven ha sido igual, decidido y determinante. Con los años, estas cualidades, que lo distinguen del resto del mundo, se han acentuado aún más, pero la vida y la experiencia le han enseñado que también tiene que ser flexible, tolerante y paciente. Es quizás por esta combinación de contrastantes cualidades que muchas personas lo perciben como un hombre fascinante que impone con su sola presencia pero que a la vez inspira mucha confianza y alienta y reconforta cuando alguien lo necesita.

Doroteo es un hombre muy inteligente y carismático, un líder nato, un estratega, con una claridad de pensamiento impresionante capaz de construir sueños y visiones no sólo para él sino para todos aquellos que lo rodean. Como todo buen líder, también posee una especial habilidad para comunicar esos sueños, y lo hace con tal fuerza y pasión que sus palabras, escritas o habladas, traspasan muros y fronteras. De hecho, una de las cosas que Doroteo más disfruta es escribir. Plasmar en papel sus ideas y pensamientos, pero no sentado en una silla frente a un escritorio, sino afuera, al aire libre, para que, como él dice, "el viento le despeje la mente y del cielo le manden ideas que merecen la pena escribirse". Casi siempre redacta ensayos y discursos, pero no con la intención de leerlos frente a un público, ¡no! Escribe para él mismo, para aclarar su mente y luego poder concretar y estructurar su propio pensamiento. También ha escrito algunas cartas memorables y hasta algo de poesía que revela la intimidad del hombre, de él mismo, pero esto nadie lo sabe. Casi nadie lo sabe.

No vayas a imaginarte que se trata de un individuo arrogante. Todo lo contario. Es sociable, respetuoso y se interesa genuinamente en conocer a las personas allegadas a él.

Disfruta las conversaciones casuales y los convivios donde todos podemos relajarnos un poco y quizás hasta mostrar una pequeña parte de lo que traemos dentro, de lo que en realidad somos. Eso sí, espera de regreso el mismo trato respetuoso que él ofrece.

Con Doroteo hay que ser siempre claros. Hablar las cosas de frente, con todas sus letras, por difícil que sea. Si hay algo que no tolera es que las personas mientan, aparenten ser lo que no son o finjan lo que no sienten, y ¡ni qué hablar de aquellas que quieren aprovecharse y adueñarse del trabajo de los demás para quedar bien! Por esto mismo, las personas de confianza que apoyan al general son, además de valientes, gente íntegra y honesta que siempre habla con la verdad. Las cualidades que él más admira en una persona son: la convicción que se origina en el alma y se refleja en los ojos, la tenacidad implacable por lograr metas y objetivos y la autenticidad —que se muestren tal cual son.

Doroteo es moreno, relativamente alto, de constitución fuerte y sólida. Siempre ha sido un hombre muy trabajador, se mantiene activo y disfruta estar al aire libre. Esto le ayuda a mantenerse en forma, ágil y lleno de energía para llevar a cabo sus planes y cumplir las metas que él mismo se impone. Su pelo era castaño oscuro y lacio, pero ahora luce un poco más claro, ligeramente ralo, y se le notan algunas canas aquí y allá que lo hacen ver todavía más interesante. Sus ojos son cafés y su mirada puede ser fuerte y generosa a la vez. Tiene una sonrisa encantadora, natural y espontánea, que más de una vez ha capturado la atención de alguna admiradora. Luce más joven de lo que en realidad es, y no soy la única mujer que opina que es un hombre muy atractivo.

El general es un hombre culto, interesado en el arte en general, la literatura y la historia. Pero este aspecto de su personalidad casi nadie lo conoce. Curiosamente, aunque sus padres adoptivos no tuvieron los recursos para mandarlo a colegios privados, tuvo siempre la suerte de estar rodeado de personas que, por alguna razón, se interesaron en su educación y en hacer de él una persona muy preparada. Yo no creo que haya sido suerte ni casualidad. Las cosas pasaron así para él porque alguien las planeó y se aseguró que sucedieran. Hay muchas cosas de su pasado que ni él mismo entiende, pero ya quedamos que juntos vamos a investigar quiénes fueron sus verdaderos padres y a desenmarañar los misterios de su niñez y juventud.

Doroteo es un hombre íntegro, honesto y absolutamente confiable. Cuando se compromete a algo, puedes tener la seguridad de que lo va a hacer, así tenga que morir y luego resucitar para llevarlo a cabo. Por él yo sí metería las manos al fuego.

Doroteo y yo nos conocemos de siempre. Tal vez de vidas pasadas, aunque esto nunca lo hablamos con nadie, sólo entre nosotros. Pero en esta vida, nos conocemos hace más de treinta años, cuando yo apenas tenía dieciséis y él aún no era general. Cuando era, simple y llanamente, Doroteo. Lo conocí en una situación poco común: escondido en los corrales de la casa de mis padres en las afueras del pueblo de Peñón Blanco,

Durango. Estaba agotado, sucio, muerto de hambre y venía huyendo de la justicia por un crimen no cometido, ya sabes, la historia de siempre. Te podrás imaginar lo que hice: me acerqué a averiguar quién era, lo miré a los ojos, en ese instante supe que ya nos conocíamos desde antes y entonces lo ayudé. Lo mantuve oculto durante varios días hasta que recobró las fuerzas para seguir su camino. Fueron tres o cuatro días de conversaciones interminables que nos cambiaron a ambos para siempre. Compartimos de todo: confidencias, risas, inquietudes, confesiones, complicidades, sueños y hasta arrepentimientos. El tiempo que pasamos juntos fue en realidad muy corto, pero suficiente para que nuestras almas se tocaran y quedaran unidas para siempre, hasta el fin de nuestra existencia.

Muchas cosas han pasado en estos treinta y tantos años que han transcurrido desde aquel día en que nos vimos por primera vez. Algunas veces hemos coincidido en el mismo tiempo y espacio, viéndonos casi a diario y compartiendo algunos fragmentos de la vida, pero ha habido otras épocas, meses y hasta años, en las que hemos estado separados, cada uno viviendo su vida y forjando su destino. Pero no importa qué suceda con nuestras vidas o cuánto tiempo estemos distanciados, la conexión que surgió entre nosotros aquella cálida tarde del mes de junio nunca ha desaparecido ni se ha debilitado; al contrario, con el tiempo y la claridad que la madurez ofrece, se ha definido de otra manera e intensificado aún más. Creo que muy pocas personas tienen la fortuna de experimentar una relación como la nuestra, atemporal, profunda e inextinguible.

Pienso que Doroteo es un hombre que ha sabido mantener su vida personal y privada en el anonimato total. No ha permitido que la gente sepa realmente quién es ni cómo es. Se ha creado una imagen tan fuerte y una reputación tan misteriosamente interesante que todo el mundo quiere creer que es real. De hecho, la gran mayoría de los mitos y leyendas de Doroteo Arango surgen a partir de esta falsa imagen, fabricada y difundida por él mismo con toda intención para mantener su verdadera historia oculta. Muchos de los aspectos que proyecta de su vida personal son parte de una estrategia perfectamente planeada para lograr objetivos específicos que sólo él conoce. En más de una ocasión, por ejemplo, ha hecho creer a la gente que se encuentra en una ciudad cuando en realidad está en otra, o que ha sido herido cuando la verdad es que hirieron a uno de sus hombres —que muchas veces se hacen pasar por él para distraer la atención del enemigo—. De hecho, hace muchos años, se las ingenió para hacer creer a toda una nación —a todos los mexicanos— que había sido asesinado en una emboscada, ¡imagínate! Lo más interesante del caso es que nunca los desmintió y esa leyenda pasó a formar parte de los libros de historia. Pero te aseguro que Doroteo no ha muerto. Si quieres un día te cuento, con detalle, cómo una mentira planeada se convirtió en verdad irrevocable.

Si me preguntaras qué hace a Doroteo diferente de todas las demás personas que conozco, te diría que es la gran seguridad, confianza y aplomo que tiene en sí mismo, porque sólo alguien así es capaz de infundir valor y coraje en otros. Sólo alguien así puede tener el poder de hacernos sentir protegidos y cuidados. Sólo alguien así puede ser líder, en su tierra y más allá de las fronteras.

Bueno, Álvaro, ahora que ya sabes quién es Doroteo y que lo conoces —aunque sea un poco— a través de mis ojos y mis palabras, entenderás por qué lo quiero y lo admiro tanto. Me encantaría saber qué piensas de él y... de mí. Pero déjame decirte una cosa más, quizás la más importante de todas: Doroteo es, junto conmigo, el personaje principal de la novela que estoy empezando a escribir. Vive dentro de mí, y no en el mundo real, pero ¡no tienes idea cuántas veces he deseado que de verdad existiera! Sería una suerte y un privilegio conocer a alguien así y tener una relación personal, cercana, y así escribir juntos la trama de la historia que apenas se está forjando en mi imaginación.

Pronto te escribiré otra vez. Hay tanto que contar que una sola carta no alcanza.

Te mando un beso.

Rocío

CRÓNICAS

HISTORIA DE UNA LLANTA

Sucedió hace unos cuantos días. El lunes para ser precisos. Serían las cuatro o cinco de la tarde. Venía yo circulando por un periférico sorprendentemente despejado y recién remozado por una gran estructura de concreto elevada que en las mañanas permite la circulación de automóviles "para allá" y en las tardes "para acá" (el segundo piso del Periférico). Era una hermosa tarde. Tranquila, sin tráfico y con un cielo que aspiraba a ser limpio y azul. En el radio las noticias hacían referencia a un discurso en el que nuestro jefe de gobierno calificó al Distrito Federal como una ciudad de vanguardia. Me gustó la palabra, vanguardia, y, por un momento, hasta sentí orgullo de ser chilanga. Me sentía muy feliz y contenta.

Se aproximaba mi salida. Con alegría, despreocupación y una gran sonrisa en el rostro, me cambié al carril derecho previendo que ya casi tendría que salirme del periférico. Calculé con optimismo que iba a llegar temprano a mi destino. Llegando a Chapultepec, cerca de La Feria, tomé la salida sin bajar la velocidad. Y fue entonces cuando lo vi. Justo ahí, a mitad de la cuchilla, ¡un bache terrible! De dimensiones considerables y muy profundo. Viré el volante con brusquedad tratando de esquivarlo, pero, con resignación me preparé para lo que vendría a continuación. Caí en el hoyo. El golpe fue seco y muy fuerte. Sentí que el coche se había partido por la mitad. La dirección se puso dura y perdí el control por unos segundos, en seguida escuché el inconfundible sonido intermitente de llanta ponchada: clac, blac, clac, blac, clac, blac... Apreté los puños, fruncí el ceño y dejé escapar un ¡coño! que me salió del alma. «¿Ciudad de vanguardia? ¡Sí, cómo no! Ésta y cuántas más». La ilusión de disfrutar de una hermosa tarde se desvaneció en su totalidad y la sonrisa se borró de mi rostro. No la recuperaría sino hasta dos o tres días después.

Respirando profundo, fingiendo estar en control de la situación y tratando de no chocar con los autos que venían por la lateral, me pegué a la derecha y busqué un lugar donde pudiera pararme a cambiar la llanta. Clac, blac, clac, blac, clac, blac...

Ya estacionada, apagué el motor y me bajé a constatar la magnitud del daño. ¡No podía creerlo! A la llanta se le había hecho un hoyo del tamaño de una pelota de tenis. No es exageración. Nunca había visto algo así. Evidentemente había caído en una trampa citadina, de esas que aparecen en los lugares más inesperados de esta gran ciudad. Antes de convertirse en trampa, había sido una coladera de las grandes y cuadradas con varias rejillas. Me quedé ahí parada mirando con incredulidad la llanta y el colosal agujero recién formado. Yo estaba perfectamente consciente de mi ineptitud para cambiar la llanta.

Afortunadamente, la ayuda no se hizo esperar. Como caído del cielo, un taxi se paró casi de inmediato y se ofreció a cambiar la llanta. Por supuesto que acepté. Sacamos de la cajuela la llave, los dados y la llanta de refacción. El buen hombre se dispuso a trabajar. Durante veinte minutos o más estuvo tratando de aflojar las tuercas, también conocidas como "birlos" según aprendí ese día. Con las manos, con el pie, con todo, y nada. No logró aflojar uno solo. Decepcionado por la propina perdida más que por la hazaña no concluida, se disculpó justificando su inoperancia y se fue.

A los pocos minutos apareció otro joven salvador de damiselas en desgracia y también me ofreció su ayuda. Empujó, jaló, golpeó, sudó, se empeñó y luego maldijo. Tampoco pudo con los "birlos" de la llanta. Pero él no se fue. Se quedó a hacerme compañía o quizás sólo a mirar lo que iba yo a hacer con una llanta necia y un auto impedido para rodar.

Al poco rato llegó la ayuda de mi casa. Me dio mucha alegría y me sentí relajada porque la ayuda de la casa nunca falla. De la cajuela del otro auto (el que llegó de mi casa), sacamos más dados y una llave más grande. Utilizando una y luego otra, sacando fuerzas de quién sabe dónde y con el apoyo moral de Roberto, el joven que había decidido quedarse a mirar, logramos aflojar cuatro de los cinco "birlos". Con el quinto no pudimos, ni siquiera cuando una de las llaves se dobló y se enchuecó por la presión exagerada que habíamos ejercido sobre ella. Nos miramos los tres con asombro y desconcierto. Y ahora… ¿qué?

Más ayuda inesperada. De un auto que se había estacionado cerca se bajaron tres hombres que nos habían estado observando desde hacía un rato. De su cajuela bajaron una gran caja de metal color naranja con todo tipo de herramientas, incluyendo dados de varios tamaños, tuercas, llaves, martillos, pericos y desarmadores. Era obvio que sabían lo que se tenía que hacer y además eran tres. Más golpes, jalones, demostraciones de fuerza física y nada. Era una misión imposible. Me recomendaron llamar a una grúa para que se llevara mi auto.

En esas estábamos cuando se acercaron tres agentes de tránsito en una patrulla y una moto. Le comenté al grupo, porque ahora ya éramos un grupo de seis personas, que quizás venían a auxiliarnos.

—¡No señora, cómo cree! Dijo uno de ellos. Esos na'más sirven pa' ch... y pa'sacarle dinero a uno. Ya verá como ni se acercan.

Tenía toda la razón. Ni se acercaron. Acababan de parar a un camión y tenían asuntos importantes que tratar con el chofer, negociaciones que llevar a cabo. Sólo nos miraban de reojo de vez en cuando.

Llamé al seguro y, para sorpresa de todos, llegó el experto cambiador de neumáticos en 10 o 15 minutos. También llegaron mi esposo y mi hija. Todos, los ocho, moríamos de curiosidad y queríamos ver cómo iba a aflojar y a quitar la quinta tuerca. De su auto bajó herramientas más sofisticadas que las que habíamos utilizado hasta el momento. Frente a una concurrencia numerosa, porque para entonces los tres agentes de tránsito ya habían concluido sus asuntos con el camión y se habían acercado a mirar lo que ocurría, el experto comenzó a trabajar. Pidió ayuda. Sostenme aquí, jálale para allá, hazle tú, pásame el martillo, dale vuelta, le damos al mismo tiempo los dos… Pasaron los minutos. Todos, los once, mirábamos cuando se podía mirar y algunos opinaban o daban ideas. Diez minutos más. Quince. ¡No pudo aflojar la tuerca! Él mismo, resignado y cansado, llamó a la aseguradora para que enviaran una grúa.

Llegó la grúa y prepararon mi auto para el remolque. El grupo se desintegró poco a poco. Éramos trece personas reunidas alrededor del Peugeot rojo. Gracias. Hasta luego. Buena tarde. Buena suerte. No podía quejarme de haber estado sola o de falta de ayuda.

Ese día no hubo manera de quitar el quinto "birlo". Ni siquiera en la vulcanizadora donde pasamos un par de horas. Fue hasta el día siguiente, en un lugar especializado en llantas, equipado con herramientas eléctricas e hidroneumáticas, que la tuerca cedió al fin y la llanta se pudo desmontar. Después de dos o tres horas, una llanta nueva y cerca de tres mil pesos, pude, al fin, manejar mi coche y volver a mi rutina de todos los días.

Todas las experiencias nos dejan algo bueno. Ese lunes a mí me quedaron muy claras varias cosas. Primero, que esta ciudad está muy lejos de ser una urbe de vanguardia. Segundo, que en situaciones difíciles y desesperadas los mexicanos somos realmente solidarios —y un poco chismosos—. Y, tercero, que se puede escribir una historia de cualquier cosa, hasta de una llanta ponchada y una tuerca necia.

COLUMNA PERIODÍSTICA: DESDE DENTRO...

Créanme, los atorones de tráfico con los que vivimos todos los días en esta gran ciudad de vanguardia —sí, hablo de la ciudad de México, que no quede duda— son colosales, y tan agobiantes y estresantes que se ha comprobado que son poderosos detonadores de diversas enfermedades que van desde la trilladísima migraña hasta la esquizofrenia, la paranoia y la bipolaridad (aunque en muchos casos, ésta última es mero mal humor y resentimiento con la vida). Algunas veces se ocasionan por las complicaciones inherentes a cualquier ciudad parchada y remendada como la nuestra; otras veces son provocados por personas sin ocupación ni mucho qué hacer en la vida que deciden salir a protestar por algo, lo que sea, mientras suene a demagogia, a populismo y no llueva, porque entonces se quedan resguardados en sus casas a mirar las telenovelas; pero, créase o no, en muchas ocasiones los congestionamientos de tráfico los provocan nuestros propios gobernantes, quienes además de mandar hacer arreglos en las calles a las horas más insólitas, también han decidido que las grandes avenidas y vías rápidas del Distrito Federal pueden tener doble uso, como los sueters reversibles, y frecuentemente las utilizan como ciclopistas, rutas para corredores entusiastas o para montar albercas públicas, desfiles o un escenario gigantesco para escuchar ópera –simplificada, por supuesto, para hacerla más ligera y digerible para "la gente" —como ellos dicen.

Los chilangos estamos ya acostumbrados a ver de todo dentro de los automóviles durante los atorones de tráfico, pero eso sí, somos totalmente respetuosos y no criticamos lo que hace el de enfrente o el de al lado. Cada quien en su auto. Cada quien en su pequeño mundo. Yo pensé que ya nada podría sorprenderme durante un embotellamiento, sin embargo, no hace mucho, quedé atrapada en un mega atorón de tal magnitud que alteró el comportamiento de todos los ahí presentes de manera sorprendente. ¡Yo no podía creer lo que veía!

Las primeras dos horas fueron bastante típicas de cualquier congestionamiento. Pasamos por la etapa de negación y de ira ante tan terrífica situación, luego hicimos el intento de negociar con alguna autoridad celeste y, como no hubo respuesta, nos deprimimos. Finalmente llegamos a la fase de la aceptación. Y fue en este punto que empezaron a suceder cosas curiosas, fascinantes y hasta pintorescas que, al menos yo, nunca había presenciado: junto a mí, una mamá desesperada se bajó de su camioneta y empezó a pedir —a mendigar—, de coche en coche, algo de comer y agua para sus hijos que estaban ya desfalleciendo de hambre y de sed; un poco más allá vi que varias personas bajaron de sus autos sólo para hablar, socializar y satisfacer esa necesidad que sentimos todos de compartir y saber que no estamos solos en situaciones desesperadas (dice el dicho, "mal de muchos, consuelo de tontos"); en el carril de la derecha, un individuo alto y bien parecido que tenía aspecto de alto ejecutivo, o por lo menos de director de alguna prestigiosa empresa, tuvo que salir presuroso de su auto y, con cara de angustia, buscar una columna donde, medio escondido, pudiera liberarse de la necesidad ya incontenible de orinar; y no faltó el muchachito que al ver a tan distinguido señor sintió deseos de hacer lo mismo. Aparecieron también los compañeros de oficina que se encontraron en el atorón y decidieron ponerse al día de los últimos dimes y diretes del trabajo y los novios que se dejaron llevar por un poco de romanticismo y mucha calentura en la privacidad de su automóvil. La señora del coche de atrás —que me recordó a la tía Lola por lo seriecita y persinada— movía la cabeza y manoteaba en desapruebo de todo lo que veía y una mujer joven, llorando de desesperación, tomó su bolso, sus más preciadas pertenencias y abandonó su auto ahí mismo, a mitad del Periférico.

Por supuesto que también presenciamos algunas manifestaciones de violencia citadina. La que más me impactó fue cuando un microbusero desquiciado empezó a aventar piedras a los parabrisas de los autos, y como en todas las historias, no podían faltar los héroes que se pusieron de acuerdo para apaciguar y controlar al violento individuo. Los vítores y las porras no se hicieron esperar. Más personas bajamos de los autos para felicitar a nuestros nuevos superhéroes y alguien sacó de su auto una caja de galletas para compartir con los demás. Hasta la tía Lola bajo de su gran auto negro y aplaudió.

Al final de las cuatro horas que estuvimos ahí, cuando llegó el momento de movernos y circular, nos dio algo de tristeza dejar atrás tan animada reunión. Todos volvimos a nuestros autos y en cuestión de minutos regresamos a nuestras vidas y a nuestras rutinas olvidándonos de nuestros compañeros del recién disuelto atorón de tráfico. Lo único que queda de aquél catastrófico episodio son estas líneas.

Ese día, en las noticias del mediodía y de la noche, nos enteramos que en la construcción del segundo piso del Periférico, una de las gigantescas trabes de concreto —conocidas como ballenas— se quedó atravesada obstruyendo por completo el paso de los autos durante 4 horas. La grúa se había dañando y no había nada que se pudiera hacer más que esperar que otra grúa llegara para levantar la colosal estructura.

Así pasan y así se ven las cosas desde dentro de esta gran ciudad...

NARRACIONES

EL RELOJ

3:25 de la mañana...

    Tic, tic, tic, tic, tic. . . abro los ojos por enésima vez y lo vuelvo a ver. Sigue estando ahí, precisamente en el mismo sitio, colocado justo a la mitad de la blanca pared estéril que se extiende a la derecha y a la izquierda hasta donde alcanza la vista y a una altura que obliga al observador a elevar ligeramente la cabeza, con deferencia, para poder mirarlo. Es él quién rige las vidas de todos nosotros.

    Este fascinante artefacto al que llamamos reloj se ha convertido en el punto medular de mi atención y pensamiento en estos últimos días. El que tengo frente a mí es un círculo perfecto de color blanco, bordeado por un marco relativamente grueso y negro, que contrasta fuertemente con el blanco de la pared y cuya función es proveer a este aparato, aparentemente inocente, de una forma y personalidad propias. Atrapados dentro del círculo, sin posibilidad de escapar, coexisten doce números arábigos, sesenta pequeños puntos y tres agujas de metal negro, diferentes en tamaño y grosor. Las agujas o manecillas están clavadas todas juntas por un extremo al punto central del artefacto, permitiéndoseles solamente un movimiento en círculos y siempre de derecha a izquierda. Pero cada una va a su propio paso: la aguja más larga y delgada – el segundero– se mueve con paso ligero y acompasado – tic, tic, tic--, y cada uno de sus pasos equivale a un segundo de nuestra existencia.

Cierro los ojos.

Todavía siento mucho dolor, algo me quema y me desgarra por dentro.

Son las 3:30 de la mañana…

Tic, tic, tic, tic… abro los ojos otra vez sin haber realmente dormido y fijo la mirada en el reloj. Sin moverme, sin pestañar siquiera, escucho con atención y caigo en cuenta de que el sonido que marca los segundos es insoportable a esta hora cuando reina un absoluto silencio en el mundo y una quietud que pesa. ¡Es una insensatez medir el tiempo con tanta precisión!

El hombre, que sentía una imperiosa necesidad por medir en días su propia existencia, creó el reloj hace muchos siglos para poder seguir de cerca el transcurrir del tiempo. En un principio sólo existían los relojes de sol y los de arena. Poco a poco se fueron convirtiendo en aparatos con engranajes perfectos que requerían de una cuerda mecánica para mantenerse andando.

Conforme la humanidad se volvió menos sabia y más práctica, los relojes se sofisticaron y hoy día existen relojes de cuerda, de pilas y los que poseen celdas solares. Existen en todas las formas, colores y texturas imaginables. Algunos hasta poseen un aroma propio. Existen relojes grandiosos en torres, campanarios o edificios públicos. Otros, en cambio, son minúsculos y pueden pender de una cadenita y llevarse como collar o dentro del bolsillo. Algunos hablan, brillan, cantan, imitan, aturden, silban, chillan y hasta nos recuerdan la fecha en la que estamos despertando, pero todos, absolutamente todos, miden el tiempo de la misma manera. Un segundo del Big Ben es exactamente lo mismo que un segundo de mi reloj de pulsera o un segundo en el reloj que tengo frente a mí.

Cierro de nuevo los ojos. El cansancio me obliga a detener mis reflexiones.

El dolor sigue presente, pero el tiempo lo cura todo y tengo la esperanza de que las manecillas del reloj aceleren el paso y que el dolor pronto desaparezca.

4:16 de la mañana...

Tic, tic, tic, tic... me niego a abrir los ojos porque tengo miedo. Prefiero tratar de adivinar qué hora marca en este momento el reloj que se ha convertido en mi compañero más fiel y constante en estos últimos días. ¿Acaso serán ya las 6:00 de la mañana? A lo lejos me parece escuchar algunos sonidos de la vida cotidiana que me inyectan ánimo y esperanza. Quizás un nuevo día está por comenzar. Me imagino, deseo con toda el alma, que la manecilla de las horas, corta y gruesa, esté señalando el número 6, y la de los minutos, larga y esbelta, esté apuntando al número 12, porque esto sería evidencia irrevocable de que ya son las 6:00 de la mañana.

En todos los relojes el número 12 se ubica en el centro superior de la carátula del reloj, señalando el cenit o la línea vertical perfecta que debería ocupar el sol justo al mediodía, mientras que el 6 está colocado en el extremo opuesto, en el centro inferior del reloj, en entonces, a las 6:00 en punto, la manecilla de las horas y el minutero se fusionan para formar una sola línea que divide al reloj y a los días a la mitad.

Abro los ojos con lentitud. Los siento un poco más pesados de lo normal. Será, quizás, la falta de sueño y de descanso.

4:18 de la mañana…

¡No puedo creerlo! Tan sólo han pasado 120 tics desde mi última reflexión sobre el reloj y a mí me parecieron una eternidad. Siento que me muero de desesperación. ¿Quién decidió lo que debe durar un segundo? Puede ser un instante o la vida entera. Siento que la angustia invade todo mi ser. Ni siquiera en los días más grises de mi existencia me había sentido tan desolado. No alcanzo a comprender cuál es la verdadera razón que me hace sentir acabado. Lloro desconsoladamente.

Tic, tic… Nos hacen creer que el tiempo nos rige y nos organiza, que nos ayuda a mantener el orden del universo y de todas las cosas, pero en la realidad de todos los días, el tiempo es traicionero y vil. Aparece cuando no se le quiere a apresurar las cosas que quisiéramos retener por una eternidad, y cuando la vida nos asfixia y necesitamos que los minutos pasen rápido, el tiempo se confabula con el universo y todos los relojes del mundo se paran casi por completo y el tiempo se detiene mientras nosotros nos seguimos asfixiando.

Tic... Mantengo los ojos cerrados y siento un vacío terrible.
Me rodea un silencio ensordecedor. No hay más tic, tic, tic... Abro los ojos y miro hacia la pared, el reloj marca, todavía, 4:18 de la mañana. Clavo la mirada en la carátula blanca. Luego con más precisión en la aguja que marca los segundos. Caigo en cuenta de que se ha quedado inmóvil, atrapada entre un segundo y otro. Un lapso infinitamente pequeño e insignificante. ¿Se habrá descompuesto el reloj? ¿Se le habrá acabado la cuerda? Pienso, «ahora si me he quedado completamente solo. Mi compañero fiel ya no da señales de vida.»

Me asalta un miedo tremendo y quisiera levantarme de un salto y salir corriendo. Pero el cuerpo parece no responder más a mis órdenes y deseos. Me siento prisionero. Cierro los ojos con resignación.

Repentinamente ocurre el cambio. Nunca entenderé qué está sucediendo, pero en un instante paso de sentirme aterrado y solo a un estado de éxtasis y felicidad indescriptibles. Una luz maravillosa invade cada célula de mi ser. Veo las siluetas oscuras de dos personas acercándose hacia mí. Percibo una agitación extraña en ellas y ahora escucho, a lo lejos, una voz apenas perceptible pero muy clara que declara, sin titubeo y sin compasión "hora de deceso: 4:18 am".

LA VENTANA CUADRADA

Siempre he sentido una especial fascinación por las ventanas. Aunque son elementos arquitectónicos muy simples, poseen la maravillosa cualidad de dejarnos ver lo que hay del otro lado. Me gusta mirar a través de ellas y descubrir lo que se esconde detrás. Algunas veces he tenido la suerte de presenciar historias románticas o divertidas, pero la que hoy recuerdo es verdaderamente terrible. La peor que jamás he visto. Quisiera no haberme asomado por aquella ventana cuadrada, pero ahora es demasiado tarde...

Fui hecho prisionero, al igual que muchos otros, un día cualquiera, por un delito inexistente y, además, sin derecho a juicio. Era de noche y yo estaba en mi habitación, preparándome ya para el descanso cotidiano, cuando escuché mucho alboroto en la calle, justo frente al portón de la casa. Me asomé por la ventana —como es mi costumbre— y en seguida supe de qué se trataba. Sentí cómo se me tensaron todos los músculos del cuerpo y se aceleraba mi corazón: era noche de "cacería de brujas". Se había decretado, hacía unos meses, que cualquier habitante de este país que fuera sospechoso de conspirar en contra del gobierno, podría ser detenido sin previo aviso, para ser interrogado. Era bien sabido por todos que los interrogatorios eran tan sólo una excusa, una justificación, para poder privar de su libertad a todo aquél que apareciera en la lista negra de ciudadanos problemáticos o incómodos para el régimen. En realidad, a todos los detenidos los metían presos en alguna de tantas cárceles en las afueras de Caracas y, cuando corrían con suerte —cuando no los martirizaban o los obligaban a acciones denigrantes por procedimiento de rutina o mero pasatiempo—, simplemente los dejaban ahí y se olvidaban de ellos. Ese fue mi afortunado caso. Me metieron en una celda maloliente, oscura y extremadamente pequeña. Durante muchos meses me dejaron solo e incomunicado en ese cuarto infernal de paredes ennegrecidas por la suciedad y se olvidaron de mí. Los carceleros me traían agua y una buena porción de comida fría en la mañana y en la tarde sin dirigirme la palabra, ni la mirada siquiera. Cada dos o tres días me conducían a través de oscuros y estrechos pasillos de sucias paredes casi sin pintura y carcomidas por el paso del tiempo a los baños comunitarios para que pudiera asearme como ser humano y lavar mis pertenencias con un poco de agua helada y jabón. Llegué a apreciar esos días de limpieza obligatoria como los más felices de mi existencia en aquella época. El sentirme limpio y fresco era una sensación extraordinaria, además de una bendición, aún cuando vivía rodeado de mugre y suciedad.

No tenía acceso a nada que me recordara que era parte de la sociedad: ni libros, ni periódico, ni radio, ni nadie con quien hablar o por lo menos intercambiar una mirada de complicidad o resignación. Pude haber muerto de depresión, abandono o locura, pero en medio de aquella soledad encontré algo que me mantuvo vivo: una pequeña ventana cuadrada que no medía más de medio metro por lado, pero que era suficiente para no olvidarme del mundo, o quizás, para que el mundo no se olvidara de mí.

Desde mi primer día en aquél cuarto húmedo y frío, recurrí a la ventana, como es mi costumbre. Pasaba horas mirando a través de ella. Al cabo de unos cuantos días, había pasado tantas horas asomado por aquella ventana del tercer piso de la cárcel de San Pedro, que comencé a sentirme parte de la vida que transcurría fuera. No era mucho lo que alcanzaba a ver: un pedazo de cielo cambiante y voluble, el sol y la luna, cuando me lo permitían las nubes, a veces las estrellas que eran como un regalo de Dios, y, tras el alto muro reforzado con espirales de alambre de púas que delimitaba el patio trasero de la cárcel, una vieja construcción rectangular que parecía ser una misión. Se trataba de un edificio grande, tipo galerón, construido con tabiques desgastados que en otro momento quizás fueron rojos, y un techo de lámina acomodado en dos aguas. Tenía grandes ventanales, angostos pero muy altos, a lo largo de todo el costado. Al frente se apreciaba una barda rudimentaria de muy poca altura, hecha de piedras irregulares mal acomodadas, y una incipiente franja de pasto recién sembrado, dos o tres arbustos y algunas flores blancas apenas distinguibles desde donde yo me encontraba. En el lugar vivían un sacerdote franciscano y un grupo pequeño de misioneras que se vestían a diario con uniformes blancos de enfermeras; o tal vez eran novicias de alguna orden religiosa. No lo sé. Todas las mañanas llegaban niños y jóvenes del pueblo a pasar el día con ellos. Hacían de todo: tomaban clases, jugaban, aprendían alguna artesanía, cantaban, rezaban y, frecuentemente, ayudaban con las tareas cotidianas de la misión.

A la semana o dos de estar preso, ya había entrado en una rutina y una disciplina sorprendentes, dadas las circunstancias en que me encontraba. Apenas terminaba el desayuno que generalmente consistía de caraotas, arroz blanco, dos arepas y una taza de café frío y aguado, me instalaba en la ventana para comenzar el día con mis vecinos de la misión. El padre Tony ya se había acostumbrado a verme asomado todos los días a través de los barrotes de la ventana y con la mano me daba los buenos días cada mañana y luego se despedía al atardecer. ¡Nunca habría imaginado que un gesto tan insignificante como el saludo pudiera hacer feliz a un hombre! En realidad no se llamaba Tony, ese era el nombre que yo le había dado, y lo mismo hice con todos los demás: los bauticé con nombres y apodos cariñosos que me parecieron iban bien con su aspecto físico y la personalidad que yo podía apreciar desde mi celda o que me imaginaba. Referirme a ellos en silencio o pensar en ellos por su nombre me hacía sentir parte de su mundo. El Güerito, el Sonrisas, la Pelusa y los Morochitos, junto con todos los demás, llenaban mis días a distancia con tan sólo verlos.

Aquella ventana cuadrada me mantenía conectado al mundo real, y no permitía que me olvidara de mi humanidad, aunque había días en que me sentía deshecho y casi acabado. Muchas veces, cuando caía en la peor de las desesperaciones y le pedía a Dios que me dejara morir, los personajes de la misión se hacían presentes y con sus voces, gritos y risas apenas perceptibles a los lejos, me sacaban poco a poco del profundo abismo en el que había caído.

Llevaba no sé cuántos meses prisionero cuando una noche, calurosa como pocas, me empecé a sentir sofocado por la falta de aire. Estaba acostado en un colchón viejo y deforme sobre el piso húmedo de mi celda. Para entonces ya me había llenado de piojos y pulgas y tenía el cuerpo cubierto de picaduras que acrecentaban mi sufrimiento aún más. Trataba de conciliar el sueño. Aunque pesaba sobre mí una fatiga indescriptible, resultado de muchas semanas de tensión y malestares físicos y psicológicos, no encontraba la manera de sosegar mi alma y deshacerme de las terribles y recurrentes pesadillas que noche tras noche se adueñaban de mí. Me sentía intranquilo y angustiado; sería el calor insoportable de mayo o los mosquitos fuera de control, o quizás el presentimiento de que algo espantoso estaba por ocurrir, no lo sé. Me volteé de lado mil veces, abrí y cerré los ojos otras tantas y suspiré profundo, hondo, tratando de pensar en algo que distrajera mi mente para poder dormir. Fue entonces cuando escuché aquellos gritos de horror y desesperación. Luego el sonido sordo de los disparos. No fueron muchos, pero suficientes para acallar por completo a quienes habían gritado. Silencio absoluto. Me puse de pie y corrí a la ventana, pero la noche era densa e impenetrable. No lograba ver absolutamente nada. Y atrapado en esa celda no había manera de saber qué había ocurrido. ¡Era un suplicio tener que esperar hasta que el día clareara! Resignado, me tumbé bocarriba sobre el colchón otra vez, y con un sentimiento de impotencia y coraje me quedé ahí, con los ojos abiertos, escuchando la lluvia incesante y esperando ver los primeros indicios de sol y claridad. Ya no tenía ánimo para querer dormir.

Apenas vi que la luz del día se asomaba a mi celda, me levanté de un brinco y corrí a la ventana. No estaba preparado para la terrífica escena que apareció frente a mí. Los cuerpos inertes yacían sobre el suelo enlodado. Eran muchos, porque cuando se trata de estas cosas uno es demasiado y más de uno siempre son muchos. Todos estaban en la misma posición: boca abajo, con la cara contra el suelo y las piernas extendidas, ya fuera abiertas o cerradas. Vestidos con sus ropas sencillas y desgastadas de todos los días, pantalón corto o largo y sin camisa, los reconocí a todos a pesar de no poder verles el rostro. Mis amigos —el Greñas, el Grandulón y la Lupis— estaban todos ahí. Parecía que antes de morir se habían formado en fila o en círculo porque se percibía un siniestro orden en el acomodo de esos cuerpos que poco a poco iban quedando cubiertos de lluvia y lodo. Cerca de ellos, como aventadas sobre el suelo, había cosas que no se alcanzaban a distinguir, cobijas, telas, palos... un poco de todo. La lluvia apenas era perceptible, pero todo se veía mojado y se respiraba humedad y tragedia en el ambiente. Al fondo, detrás del grotesco círculo de cuerpos inertes, seguía en pie la misión, y justo en medio edificio, elevándose por encima del resto de la construcción, había una cruz, simple y primitiva, testigo de lo que había ocurrido ahí esa noche. Sentí frío, mucho frío. Se me erizó la piel. Me froté los brazos y no quise ver más.

Me dejé caer sobre el viejo colchón, sin pensar nada. Había sido tan fuerte la impresión y tan grande la tristeza de lo que vi esa mañana, que quedé sumido en un estado catatónico gran parte del día. Más tarde, cuando tuve valor y fuerzas para volver a asomarme por la ventana, vi a un hombre, un soldado, cubierto hasta el cuello con su uniforme impermeable en tonos verdes y cafés. Traía una cachucha beige en la cabeza. Era un hombre de tez muy morena y piel lisa, casi suave, de esas que siempre reflejan un brillo tenue, como si se acabaran de pulir. Era evidente, aún desde donde yo me encontraba, que miraba a través de sus antejos con incredulidad, con odio, con coraje, y que estaba sintiendo y pensando cosas terribles, de esas que carcomen por dentro pero que da miedo dejar salir y que otros vean. Me imaginé su cara ovalada, su nariz larga y recta, y sus labios gruesos, apretados, y de color oscuro, ligeramente morado. La frente y el ceño fruncidos, junto con sus pómulos salientes, eran el marco ideal para una mirada penetrante de las que no sólo miran lo que hay en frente sino más allá. Algo había congelado la expresión de su rostro y le había paralizado el cuerpo: frente a él yacían los cuerpos de los jóvenes recién asesinados y, al fondo, el edificio con la cruz al centro elevándose en medio de tanta desgracia. El cielo se veía raro, casi todo era blanco o grisáceo, seguramente restos de lo que habían sido nubes antes de la lluvia, y se alcanzaban a distinguir algunos pedacitos de cielo en un débil tono de azul.

Traté de no pensar en eso, pero era imposible. Una y otra vez volvía a mi mente la trágica imagen de los niños muertos que seguramente habían sido obligados a formarse en círculo antes de ser asesinados. Los días que siguieron fueron un infierno para mí. Lloraba desconsoladamente por mis amigos muertos, por la crueldad de los hombres y porque había dejado de creer en la humanidad. Durante el resto de mi estancia en aquella cárcel de pesadilla no me volví a asomar por la ventana, ni me acerqué siquiera. Tenía miedo de que aquella espantosa escena volviera a aparecer. Sentí que estaba de verdad solo en el mundo y caí en una amarga depresión que duró muchos días, no sé cuántos. Le pedí a Dios, otra vez, que me dejara morir, pero no quiso escucharme.

Una mañana, sin saber cómo ni por qué, fui trasladado a otra prisión. Días después me dejaron en libertad. La dictadura había sido derrocada y con el nuevo régimen llegó mi libertad y la de muchos otros.

Fingí volver a mi vida de antes, o al menos traté, pero no podía dejar de pensar en aquella terrible noche de los disparos que acabaron con la vida de mis amigos de la misión. No entendía por qué, pero sentía la imperiosa necesidad de volver a la cárcel de San Pedro, quizás porque no había tenido oportunidad de despedirme de ellos. Pasaron muchos meses antes de que me atreviera a tomar la decisión de ir a visitar el lugar, pero un día al fin lo hice. Al llegar, entré a la que había sido mi celda durante aquellos días de pesadilla y me asomé por la ventana que me había mostrado uno de los horrores más grandes que jamás he presenciado. Miré hacia donde había visto los cuerpos asesinados. El paisaje había cambiado. Los muertos se habían transformado en cruces. Cruces, cruces y más cruces. Todas iguales, equidistantes, sembradas en interminables hileras que se podían apreciar en dirección vertical, horizontal o diagonal. Era un campo rojizo de tierra y grava que se percibía caliente, seco e inhóspito de tanto estar expuesto a los rayos del sol. Estaba salpicado por minúsculos brotes de hierbas tiernas que se empeñaban en crecer en ese lugar que simbolizaba la desolación y el decaimiento de la raza humana. El sol, que aún no llegaba a su cenit, proyectaba nítidamente las sombras de todas esas cruces dando la impresión de que había un número infinito de ellas, algunas de madera y otras de sol y sombra. Las de madera estaban hechas de palos de segundo uso, desgastados o manchados, pero todos cortados del mismo tamaño y armados de la misma forma. Algunas se veían perfectamente bien plantadas, con una verticalidad casi perfecta, otras, en cambio, se ladeaban como vencidas por el peso de la tristeza. No pude distinguir ni comienzo ni fin en ese campo sembrado de cruces y muerte.

El recuerdo de lo que vi aquél día desde mi celda en la cárcel de San Pedro me marcó de por vida. Durante mucho tiempo dejé de asomarme a las ventanas por temor a lo que pudiera encontrar del otro lado. Pero el tiempo cura algunas cosas y suaviza otras, así que volví a retomar mi vieja costumbre. Cuando voy por la calle y veo las ventanas iluminadas, me pregunto y quiero saber cuál es la historia que se esconde tras ellas. Muchas veces me imagino las historias. Las invento sólo para mí... Lo que me hace pensar y dudar si la historia que recuerdo de los niños y jóvenes asesinados fue real o la imaginé mientras miraba a través de alguna ventana cuadrada.

MIRADAS PROFUNDAS

Mi abuela, que vivió con nosotros cuando yo era niña, creía en los ángeles y decía que todo el mundo tiene un ángel de la guarda, pero que yo era muy afortunada porque tenía dos. Como es de suponerse jamás puse atención en esas cosas porque cuando se es joven el mundo real y tangible es tan interesante y hay tanto que experimentar y aprender que no hay tiempo para pensar en cosas no terrenales. Estas conversaciones las mandaba yo en automático al archivo muerto de mi mente. Sin embargo, un día la escuché comentar algo que, sin saber porqué, atrajo mi atención. Dijo que cuando alguien tiene un problema y está sumido en una profunda desesperación, pueden bajar ángeles a ayudarlo. Estos ángeles aparecen como personas totalmente desconocidas y en los momentos más inesperados, hasta como fuera de contexto, se les ve actuar de una manera que no encaja con lo que uno esperaría. Y afirmó, de manera tajante, que cuando uno de estos ángeles te mira, su mirada, que es muy fuerte y penetrante, no se te olvida nunca. "En el momento", dijo, "se siente tan intensa y profunda que te dan ganas de llorar, y luego se te queda grabada en la mente y en el alma para siempre". Aunque me llamó la atención, no me volví a acordar de este comentario sino hasta muchos años después…

Georgina se acercó a la cuna por enésima vez, de puntitas, para no hacer ruido. Y, aguantando la respiración, se acercó a ver a Sofía. Se aseguró que de veras estuviera respirando y que estuviera bien acomodada, de lado, como había indicado el pediatra.

¡Por fin se había dormido! Era un milagro hecho realidad. Todas las noches eran pesadas con una bebé de 15 días de nacida, pero ésta en particular había sido insoportable. Georgina se había pasado la noche casi en blanco entre tomas de leche, cólicos, cambios de pañal, sed, calor y hasta frío a pesar de estar en la ciudad de Caracas, donde el clima es casi perfecto todos los días y a toda hora. Pero ahora que Sofía se había quedado profundamente dormida, quizás ella podría dormir unas dos horas y, con suerte, hasta tres. Se sentía más que cansada. Estaba agotada, exhausta y además ya estaba empezando a sentir los efectos de la bien conocida depresión post-parto que a ella siempre le pegaba muy duro y la sumía en un estado de blanda depresión y exagerado sentimentalismo. La herida de la cesárea le dolía mucho y la sentía como una yaga ardiente en el abdomen y esto la preocupaba, pero en estos momentos lo único que realmente necesitaba con desesperación era dormir. Aunque fuera un poco.

Finalmente se metió a la cama. Se sintió feliz de poder descansar al fin. Pensó que todo en este mundo es cambiante y relativo porque en otros momentos de su vida la idea de sólo dormir unas cuantas horas le hubiera parecido inconcebible e inaceptable, y en cambio ahora se sentiría la mujer más afortunada del planeta si tan solo pudiera dormir, de corrido, dos maravillosas horas.

Georgina apenas había entrado en un estado de sueño más o menos profundo cuando escuchó los gritos desesperados de alguien que la llamaba.

-¡Señora Georgina! ¡Señora Georgina! ¿Dónde está? ¿Dónde está mi niña? ¿Dónde está mi niña Sofía? ¡Que hay golpe! ¡Golpe!

Al escuchar los gritos, Georgina abrió los ojos de inmediato, y al escuchar el nombre de su hija se levantó de la cama de un salto. «¿Qué dónde está Sofía? Pues en su cuna», pensó, «¿dónde más?». Pero el corazón le dio un brinco y dejó de respirar. Corrió hacia la cuna. Ahí estaba la bebé. Seguía plácidamente dormida y los gritos no la había perturbado en lo más mínimo. «Pero, entonces, ¿qué está pasando?», pensó Georgina. «¿Quién grita?».

Georgina salió de la habitación apresuradamente y se topó de frente con Meredí, la señora que la ayudaba en la casa con todo, hasta a cuidar a los tres niños a pesar de que había una nana de tiempo completo sólo para eso. Ella era su brazo derecho, una mujer de experiencia y responsable como pocas que estaba siempre al pendiente de todo. Quería mucho a los dos niños, de 5 y 6 años, pero desde que nació Sofía quedó prendada de ella y la convirtió en la niña de sus ojos. Nada era más importante que estar al cuidado de la bebé.

-Meredí, ¿qué pasa? ¿qué tienes? ¿Porqué esos gritos?, preguntó Georgina con un tono de voz enérgico y exigiendo una respuesta.

-¡Que acaba de estallar un golpe de estado señora! Este país se va a acabar y Dios nos ampare. Los golpistas tomaron el Palacio de Miraflores y tienen fuerzas armadas por todo Caracas. También tomaron las televisoras y la CANTV, entonces no hay manera de saber qué pasa y estamos todos incomunicados, ¡sin teléfono siquiera!

Georgina no entendía del todo porque seguía como aletargada de no haber dormido casi nada durante la noche.

-¿Golpe de estado? ¿Cómo crees? ¿Cómo sabes?, preguntó Georgina mientras trataba de asimilar lo que estaba escuchando. Si Meredí lo decía seguro era cierto. Además se le veía sumamente perturbada y consternada.

-Señora, voy a tener que irme a mi casa a ver a mis hijos que usted sabe que los dejo toda la semana con mi esposo, pero tengo que ir y estar segura que están bien, dijo Meredí en tono suplicante y con los ojos llenos de lágrimas.

-Por supuesto Meredí. Vete ya. Vete con tus hijos, respondió Georgina.

-Sí señora, porque además dicen que van a poner toque de queda y nadie va a poder estar en la calle, Dios sabe por cuántos días. Me tengo que ir ya antes de que de verdad prohíban salir de las casas; porque me podrían tomar presa y usted sabe que soy Colombiana y entonces es peor, explicó Meredí y luego perdió el control y empezó a llorar desconsoladamente.

-Meredí, no llores. Todo va a estar bien, ya verás. Pero vete ya antes de que pongan ese toque de queda que dices. Corre ya mujer, dijo Georgina al tiempo que la encaminaba hacia la puerta. Meredí se fue casi corriendo y en unos minutos ya no había ni rastro de ella en la calle.

Georgina se quedó ahí parada junto a la puerta abierta sin saber qué pensar. Miraba al infinito como esperando que alguien le dijera que debía hacer. Había entendido todo lo que Meredí le había dicho, pero necesitaba saber más. Estaba ella sola en la casa con los tres niños y con la nana que era una muchacha muy joven. Se le ocurrió salir y preguntarle al guardia que estaba en la caseta de vigilancia en la esquina de la calle donde vivían.

El guardia la conocía bien y era un hombre afable siempre con la mejor disposición de ayudar. Como era de esperarse, sabía un poco más que Meredí y, curiosamente, se le veía bastante más tranquilo. Explicó que, efectivamente, se había dado un golpe de estado. La oposición, al mando del comandante Hugo Chávez, había tomado el palacio de gobierno y también las televisoras, la telefónica y el aeropuerto local de

La Carlota. Contaba con el apoyo de mucha gente del pueblo pero también tenía amigos y simpatizantes en el ejército y había desplegado a su gente de confianza por toda la ciudad. También era cierto que a partir de ese momento había toque de queda en Caracas y cualquier persona que fuera sorprendida en la calle podía ser arrestada de inmediato sin mayor explicación. Georgina escuchó y se sintió más tranquila hasta que el guardia le preguntó:

-¿Los niñitos y la bebé están bien? ¿Tiene usted todo lo necesario para sobrevivir unos días sin salir? ¿Agua? ¿Café? ¿Harina pan? ¿Leche?

¡Leche! Georgina sintió morirse. Palideció y se dio cuenta que las piernas le flaqueaban y ya no la podían sostener. Empezó a ver todo negro y a perder la conciencia. El guardia la tuvo que sostener y sacudirla un poco para evitar que perdiera el conocimiento. La sentó en un banquillo que había junto a la caseta.

-¡Señora! ¡Señora, no se desmaye! ¡Reaccione por favor!

Georgina reaccionó. En unos minutos recobró la lucidez. Le volvió el color y luego, como si una fuerza sobrenatural la estuviera jalando hacia adelante, se incorporó bruscamente. Se quedó parada y miró al guardia directo a los ojos como queriéndole decir algo que no se atrevía a reconocer.

-¿Qué le pasa señora? ¿Se siente mal otra vez?", preguntó el pobre hombre, más desconcertado y espantado por la reacción de Georgina que por el golpe de estado.

-Sin dejar de mirarlo, Georgina le dijo, con un tono de angustia y abatimiento: Es que no tengo leche para la bebé.

-¡Que, qué! ¡Pero cómo es eso! Tan chiquita. El guardia la miraba con incredulidad.

Georgina, se apresuró a explicarle que la bebé tomaba fórmula desde que nació. Era una leche especial y sólo tenía la mitad de un bote que, según sus cálculos, alcanzaría para un día o tal vez día y medio. Pero si se acababa la leche, Sofía no tendría que comer, porque a esa edad, 15 días, los bebés se alimentan de leche y nada más. Si el toque de queda duraba más de un día Georgina no tendría con que alimentar a su hija.

-¿Qué va a hacer señora?, preguntó el guardia afligido.
-No sé. Déjeme pensar, dijo Georgina suavemente, más para ella que para él. Le dio las gracias y dio media vuelta para regresar a su casa.

Una vez dentro de la casa, Georgina vio a sus dos hijos, los niñitos como decían Meredí, la nana y el guardia, que ya habían despertado y estaban jugando en el jardín, corriendo y riéndose como siempre, totalmente ajenos a lo que estaba ocurriendo en el país. Prendió la televisión, pero como todas las televisoras habían sido tomadas por los golpistas, en todos los canales se veía lo mismo: el comandante Hugo Chávez hablando de cómo las cosas en el país iban a mejorar ahora que el régimen elitista anterior había sido derrocado. También daban instrucciones de no salir a la calle porque habían decretado toque de queda para evitar enfrentamientos y violencia. Luego fue a ver a Sofía. Seguía profundamente dormida. «Qué inocencia», pensó Georgina. Y en ese instante supo lo que tenía que hacer. «Voy a salir a buscar una farmacia que esté abierta, compro unos botes de leche y me regreso. No hay otra solución. Mi hija no va a quedarse sin comer».

Georgina se vistió a toda prisa con unos jeans y una playera. Medio se acomodó el pelo, ondulado y castaño, como muchas veces lo hacía, y sin detenerse a pensar o a reconsiderar la decisión tomada, tomó su cartera y las llaves del auto. Ni las súplicas de la nana ni las advertencias del guardia pudieron hacerla cambiar de opinión. Ambos le dijeron que se la podían llevar presa y que pensara en sus hijos. Pero eso era justamente lo que ella hacía, pensar en sus hijos, en Sofía, que se iba a quedar sin leche a menos que ella, Georgina, hiciera algo al respecto. Era lo único que en ese momento realmente importaba.

Subió a su auto, abrió la reja del garaje con el control eléctrico y salió. Conforme avanzaba por las calles desiertas caía en cuenta que el país, o por lo menos la ciudad de Caracas, se encontraba en un verdadero estado de alerta roja. Todo mundo había obedecido las órdenes del toque de queda porque no se veía ni un alma por ningún lado. La calle estaba totalmente desierta, vacía, parecía una ciudad fantasma. El día lucía espectacular. El cielo estaba completamente limpio y azul, sin una sola nube y el sol se veía esplendoroso El aire se sentía ligero. Sin embargo, una sensación de miedo y ansiedad empezó a invadir a Georgina. Presentía que en cualquier momento podía ocurrir algo terrible y empezó a sentirse muy sola y vulnerable.

Se dirigió a una primera farmacia, la que quedaba más cerca de su casa, en el pequeño centro comercial de Prados del Este. Pero apenas llegó, se dio cuenta que estaba cerrada, al igual que todos los demás negocios del lugar. Todo estaba apagado con las cortinas y rejas de hierro abajo. «Bueno, hay más farmacias y supermercados aquí cerca», pensó. «Alguno estará abierto».

A unas cuadras había otra farmacia, pero ésta también estaba cerrada. Buscó a algún policía o guardia para preguntar si abrirían más tarde, pero no había nadie, absolutamente nadie, a quién preguntarle. Aparentemente hasta los policías y personal de seguridad habían obedecido la orden de no salir a la calle. Georgina trató de mantener la calma y pensó en otros dos centros comerciales y un par de supermercados de la zona y se dirigió hacia allá. Estaba convencida que al menos uno de ellos estaría abierto porque los dueños, dos portugueses extremadamente trabajadores y al pendiente siempre de todos los detalles de su negocio, abrían todos los días del año, aún en días de fiesta. Pero cuando llegó al lugar vio que también estaba cerrado. En ese momento se acentuaron su miedo y angustia y pensó, por primera vez, que existía la posibilidad de que todo estuviera cerrado y no pudiera conseguir los botes de leche. El peso del desconsuelo provocó que los ojos se le llenaran de lágrimas. Esperó unos minutos y decidió aventurarse a ir un poco más lejos. Hasta ahora se había mantenido circulando por calles pequeñas y callejones dentro de la colonia para que no pudieran verla si es que había gendarmes por la zona, pero ahora tendría que atravesar algunas avenidas grandes.

Tomó un tramo de la autopista hasta la primera salida. Salió de la vía rápida y dobló a la derecha. De inmediato vio que había un retén unos cuantos metros adelante.

Era un retén grande, con unos tres o cuatro policías municipales y cinco soldados. Además había dos jeeps y una patrulla. Todos estaban armados, los policías con pistola y los soldados con rifles de gran calibre. Pero Georgina sabía que lo peor de todo era que tenían instrucciones de detener a cualquier persona que anduviera en la calle y llevarla presa de inmediato. Se le heló el corazón. Podían apresarla aquí mismo, y sin preguntas ni cuestionamientos, llevársela a quién sabe dónde. Y sus tres hijos estaban en la casa, solos con la nana, una muchachita colombiana de apenas 19 años y recién llegada a Venezuela que no iba a saber ni qué hacer. Se sintió aterrada y muerta de miedo. En su terror se mezclaban vagos recuerdos de historias de víctimas y desaparecidos durante los gobiernos autocráticos y dictatoriales en el pasado de América Latina con la terrible realidad que tenía enfrente. Le temblaban las manos y las piernas, pero no podía detenerse ahora. Seguro que ya la habían visto. No había ningún otro auto en la calle, ni personas, sólo ella y el retén a unos cuantos metros.

Siguió avanzando porque no podía hacer otra cosa, pero bajó la velocidad un poco, como queriendo no hacer mucho ruido para no llamar la atención, lo cual era inútil porque el Corolla azul que avanzaba por la calle con lentitud era claramente visible a todo el grupo que conformaba el retén.

Al momento de pasar junto a ellos, Georgina quiso cerrar los ojos como para desaparecer la escena, pero por supuesto que no lo hizo. Uno de los soldados, el que más lejos estaba del auto, levantó el rifle con su mano derecha, como para llamar la atención del conductor sin que quedara claro qué quería. Y en ese justo momento, el gendarme que estaba a un lado del auto volteó y miró a Georgina fijamente. Tenía los ojos muy oscuros, negros y peculiarmente brillosos, como vidriados, y su mirada era fuerte y penetrante. Con su mirada fija en los ojos de Georgina, sin parpadear ni pestañar siquiera, le indicó con el brazo que podía seguir adelante. El resto de los gendarmes parecieron no enterarse que acaba de pasar un auto.

¡Georgina no podía creer que la hubieran dejado pasar! No era lógico. De hecho, era totalmente incoherente, irreal, pero no tenía tiempo para elucubrar más sobre el asunto. Necesitaba llegar al centro comercial Concresa porque ahí había dos o tres farmacias grandes además de un cine, un supermercado y muchas otras tiendas y negocios.

Al llegar al centro comercial tuvo que estacionarse en la calle porque, como era de esperarse, la entrada al estacionamiento estaba bloqueada con cadenas. «No importa», pensó Georgina, «dejo el coche aquí y camino».

Una vez dentro del centro comercial, Georgina empezó

a caminar con paso rápido por los pasillos, como queriendo perderse de vista de alguien que quizás la estuviera observando. Reinaba absoluto silencio, absoluta quietud. Estaba todo oscuro, sucio y vacío. Se respiraba un aire de abandono. Nada alcanzaba a oírse; nada había a la vista, salvo pasillos interminables de locales cerrados y desolados. El eco de las pisadas de Georgina era muy fuerte y resonaba varias veces dándole al lugar un toque fantasmal. Pero la esperanza de encontrar por lo menos una de las farmacias abierta le daba a Georgina valor para seguirse adentrando en el edificio. En un momento creyó escuchar algún ruido. Un leve rumor. Se detuvo y aguzó el oído Hasta contuvo la respiración unos segundos. Nada. No percibió nada. Volvió a retomar el paso.

Llegó a la primera de las tres farmacias y estaba cerrada. Todo apagado y las cortinas de fierro abajo. «Bueno, quedan dos por checar», se dijo a sí misma tratando de no entrar en pánico. Pero al llegar a la segunda se encontró con lo mismo. Cerrada. Empezó a desesperar en su soledad, en medio de aquel silencio inmenso. ¿Qué iba a hacer? Quedaba una sola farmacia por checar y si esa estaba cerrada entonces sí ya se le habían agotado las opciones. Llorando con desesperación anticipada y escuchando el eco de sus pisadas y de sus sollozos acompasados, Georgina se encaminó a la tercera y última de las farmacias avanzando por pasillos y escaleras mal iluminados.

Al llegar explotó en un llanto desconsolado. ¡Estaba cerrada! Se sentó en el piso y ahí se quedó hasta que se cansó de llorar o quizás fue hasta que se le agotaron las lágrimas. Se puso de pie y respiró profundamente. Confusa y asustada recorrió todo el frente y el lado de la farmacia como buscando algo, y fue entonces que cayó en cuenta que las cortinas de metal no estaban bajadas. O este local no tenía rejas de seguridad o simplemente no las habían bajado el día anterior, lo cual era muy extraño porque eran puros ventanales los que delimitaban el perímetro de la farmacia. En ese momento Georgina tomó una decisión: rompería uno de los vidrios para así poder entrar y buscar la leche, y en unos días, cuando todo esto hubiera pasado, le mandaría al dueño un cheque por el valor del vidrio y de la leche.

Con una idea clara de lo que iba a hacer, Georgina volvió a recorrer toda la farmacia por fuera tratando de decidir qué vidrio romper. Lo haría de una patada, aunque se cortara, no importaba. Nada importaba. En eso estaba cuando de pronto algo llamó su atención. Parecía ser un objeto o quizás una sombra dentro de la farmacia. Una silueta oscura. Se le perdió de vista, pero ella sabía que había visto algo o a alguien dentro del local. Empezó a golpear con las manos los vidrios y a gritar. "¡Por favor ayúdeme! Estoy desesperada. Ábrame, por favor". Y, repentinamente, la sombra apareció. No se distinguía si era hombre o mujer, pero ahí estaba. Al acercarse a la puerta, que también era de vidrio, Georgina vio que era un hombre y empezó a explicarle atropelladamente sobre Sofía y la leche que se le iba a acabar y le pidió por favor que le vendiera unos botes de leche. El hombre abrió entonces la puerta, que todo el tiempo mientras Georgina hablaba había estado cerrada, y preguntó:

-¿Qué leche necesitas?

-Enfalac. ¿Si tiene?
-Sí, si tengo. ¿Cuántos botes necesitas?
-¿Cuántos botes tiene?
-Como 15.
-Entonces quiero los 15
-Muy bien.

El hombre desapareció en el interior de la farmacia y unos minutos después salió con una bolsa de plástico negra, de esas que se usan para la basura, dentro de la cual había metido los 15 botes de leche. ¡Georgina no podía creerlo! Le dio las gracias repetidas veces y luego le dijo que le iba a pagar con un cheque porque no tenía suficiente efectivo, pero le aseguró, por su vida, que el cheque sí tenía fondos. El hombre le creyó. Dijo que estaba bien. Recibió el cheque y cerró la puerta con llave. Georgina se agachó un momento para tomar la bolsa con ambas manos y cuando levantó la vista buscando al hombre de la farmacia para decirle gracias, otra vez, y hasta luego, el hombre ya no se veía por ninguna parte. Ni siquiera como una sombra. Georgina pensó que había desaparecido demasiado rápido, pero no tenía tiempo de pensar más en esto. Se tenía que ir de regreso a la casa. La esperaban sus tres hijos.

El regreso al carro fue como una brisa. Georgina ni siquiera notó el eco de sus pisadas y ya no estaba asustada ni angustiada. En un abrir y cerrar de ojos llegó a su coche. Abrió la cajuela y guardó la bolsa con las latas de leche. Se subió al auto y arrancó.

El camino para volver a su casa era exactamente el mismo que había tomado antes, sólo que en el otro sentido, lo cual

implicaba que tenía que volver a pasar por el retén.
ç

El día era bellísimo. El sol se encontraba ya en lo más alto del cielo y los arboles en todas las calles y avenidas lucían verdes y frescos. El viento, ligero y cálido, movía suavemente las ramas y las hojas. El susurro de los árboles se escuchaba claramente porque las calles seguían desiertas. Era de verdad hermoso. Pero Georgina no se dio cuenta de lo lindo que era todo, porque lo único que ella tenía en la mente era qué hacer para que no la fueran a parar en el retén.

Con el retén a la vista, empezó a repetir, en silencio, y muchas veces "que no me detengan, que no me detengan, que no me detengan". Cuando estaba a unos cuantos metros, bajó la velocidad como lo había hecho antes, y justo cuando tenía a los gendarmes y soldados a su lado volteó a verlos. Ahí estaba otra vez. El hombre de los ojos negros profundos con mirada fuerte y penetrante. Miró a Georgina directo a los ojos. Clavó la mirada en ella durante unos segundos nada más, pero ese tiempo fue suficiente para que esos ojos oscuros y ese mirar quedaran grabados en la mente y en el alma de Georgina. Nunca podría olvidarse de esa mirada. Y así, sin más ni más, Georgina pasó por el retén. El resto de los policías y soldados no la vieron o quizás pretendieron o verla. Unos cuantos metros más adelante, cuando se sintió libre de la amenaza del retén, Georgina miró por el retrovisor y vio que el hombre que la había dejado pasar aún la seguía con la vista. No la dejó de ver hasta que llegó a la esquina y dio vuelta. Por un segundo Georgina distrajo su mente en pensar que todo esto era muy extraño, pero de inmediato se enfocó en lo que tenía que hacer ahora: volver a su casa.

Sin ningún contratiempo llegó a su casa con los 15 botes de leche. Encontró a sus hijos jugando Nintendo y dibujando y a Sofía todavía dormida en la cuna. Entonces, después de dejar la leche en la cocina, se encerró en su baño y lloró como pocas veces en su vida lo había hecho. Lloraba de tensión, de angustia, de nervios. Por lo que hizo y lo que pudo haber pasado. Lloraba porque ese día entendió realmente lo que es el instinto de supervivencia y descubrió que la fuerza y el coraje que todos los seres humanos tenemos en nuestro interior son mucho más grandes y poderosos de lo que creemos. Pero, por sobre todas las cosas, lloró por aquel hombre aparentemente convencional de mirada fuerte y penetrante que la había impactado y que no podía quitarse de la mente. No tenía ninguna lógica llorar por eso, pero no podía evitarlo.

A los pocos días, el gobierno electo y constitucional recobró el control del país. Hugo Chávez fue detenido por golpista y el toque de queda se aplicaba sólo en las noches, y al cabo de una semana o dos se eliminó del todo. Las cosas volvieron a la normalidad. Los niñitos de todo el país volvieron al colegio y Sofía nunca se quedó sin leche y sin comer.

Aunque Georgina muchas veces recordaba aquél día como algo que marcó su vida, en realidad no pensaba mucho en los detalles de lo que había pasado.

Fue mucho tiempo después, cuando Sofía ya se había convertido en una muchachita de 17 años que estaba enamorada, como todas las niñas de su edad, de Joe Jonas —el cantante de pelo lacio de los Jonas Brothers— de Edward Cullen —el vampiro de la saga de Crepúsculo— y del "Chicharito" —delantero de la selección del equipo de futbol de México— que Georgina supo algo que le haría recordar, y finalmente entender, con gran asombro y fascinación, todo lo que había pasado aquel noviembre de 1992 en Caracas.

Fue un día que Georgina estaba conversando con uno de sus mejores amigos. Estaban a mitad de una conversación de esas que son ricas, deliciosas y que se disfrutan enormemente. Se hizo una pausa en la conversación y de repente, sacando un nuevo tema de la nada, Álvaro sintió la imperiosa necesidad de decirle a Georgina algo que había escuchado o leído recientemente en algún lugar:
-Dicen que cuando un ángel se aparece y te mira, su mirada, que es muy fuerte y penetrante, no se te olvida nunca. En el momento se siente tan intensa y profunda que te dan ganas de llorar, y luego se te queda grabada en la mente y en el alma para siempre.

La reacción de Georgina fue de perplejidad. ¡Por qué Álvaro le comentaba esto justo ahora! Se quedó pasmada y no pudo decir absolutamente nada porque en ese momento vino a su mente el comentario que su abuela había hecho con respecto al mismo tema muchos años atrás. En seguida vio en su mente, con una claridad impresionante, como si fuera una fotografía, al gendarme de los brillantes ojos negros de mirada penetrante, profunda y fuerte. Sintió como se le hizo un nudo en la garganta. Volvió a revivir la angustia y el miedo de aquél día y recordó cómo aquél hombre, con uniforme de militar, la había dejado pasar sin ni siquiera hacer el intento de detenerla, ni de ida ni de regreso. Vio la imagen del resto de los soldados y policías en el retén que no la habían visto o habían pretendido no verla cuando pasó junto a ellos en el auto.

Luego recordó la farmacia oscura, la única sin cortina metálica de protección. La silueta que surgió de la nada dentro del local, los 15 botes de leche... Y cómo después de entregarle la leche y recibir el cheque, el hombre de la farmacia había dado media vuelta y se había desvanecido de tal forma que Georgina ya no pudo agradecerle ni decirle adiós.

Y el cheque, el cheque con el que Georgina pagó por los 15 botes de leche, nunca fue cobrado...

LA EXTRAÑA DESAPARICIÓN DE PEDRO HUIZAR

Era un triste día de otoño, oscuro y silencioso. Se estaba haciendo ya de noche y en el cielo abundaban densas nubes grises, nostálgicamente pesadas, que poco a poco iban revistiendo el paisaje de sombras y oscuridad. Todos los habitantes del pueblo estaban ya en sus casas protegiéndose de las bajas temperaturas y preparándose para el descanso cotidiano. Todos menos Pedro Huizar.

Pedro se encontraba, como lo hacía todos los días ya entrada la tarde, solo, vestido con su decrépito jorongo de lana y agazapado entre agostados arbustos secos, ralos juncos y escasos troncos ya sin vida que en otro tiempo habían sido parte de un jardín exuberante, lleno de vida y color, que rodeaba la casa de campo más alegre y pintoresca de la región. Pero para cuando Pedro nació, la casa tenía años de estar totalmente vacía y abandonada. Todas las ventanas rotas, la puerta principal medio caída, las paredes ya casi sin pintura y, en ciertos lugares, carcomidas, semiderruidas por el paso del tiempo: se respiraba desolación y tristeza. Era, de verdad, un lugar horrible y lúgubre, sobre todo en la noche. Pero para Pedro era tan natural estar ahí, que él percibía la casa y el jardín como lugares un poco austeros, sí, pero semiagradables y quizás hasta poéticos. Además, ahí es donde él encontraba suficiente quietud y paz para poder fumar su pipa y perderse en sus propios sueños y en las fantasías tridimensionales que creaba sólo para él.

Tantas veces había venido Pedro a refugiarse a este lugar, que estaba plenamente convencido de que la casa era suya y de que él era el único descendiente de la familia que la había habitado durante más de tres siglos. Entre sueño y sueño se había fabricado una vida completa ligada a esta casa. Recordaba acontecimientos y detalles que nunca existieron, y era capaz de contar las historias familiares una y otra vez sin equivocarse nunca, como si de verdad fueran experiencias vividas y no soñadas. Era como si Pedro tuviera una vida paralela, junto a esta casa, y cada día pasaba más tiempo en esta última y no en la real que siempre había sido bastante ociosa y vagamente trágica.

Esa tarde no parecía diferente a ninguna de las otras. Pedro había fumado la mitad de su pipa y se encontraba ya en un estado de deliciosa relajación cuando escuchó, repentinamente, un ruido ensordecedor e insoportable. Era como un trueno que salía del centro mismo de la tierra, pero mucho más intenso y aterrador. Pedro se quedó inmóvil, muerto de miedo. Silencio total. No había tenido tiempo de reaccionar cuando sintió cómo la tierra tembló y se agitó de una manera inimaginable. En seguida, frente a sus ojos, se abrió una grieta fenomenal de un lado a otro de la propiedad y seguía mucho más allá; se imaginó que atravesaba todo el país. Inmediatamente empezaron a surgir, de dentro de la grieta, fantasmas, sombras indefinidas e imágenes tornasoladas de diferentes formas y tamaños. Pedro sintió un miedo cerval pues supo, en ese momento, que éste era el fin de su existencia. Se sintió desolado y empezó a llorar con tanto sentimiento que hubiera roto el corazón de cualquiera. Pero no había nadie cerca para escucharlo. Y cuando sintió que se iba a desvanecer por la impresión de lo que estaba viendo, reconoció en los espíritus que lo rodeaban a la familia que tantas veces había soñado y añorado, a todos sus ancestros imaginarios que, en una época o en otra, habían habitado esta casa.

El terror y el desaliento se transformaron en un momento mágico de reencuentro fraternal. Lo invadió una sensación de bienestar y éxtasis que nunca había sentido y la depresión se escapó de su cuerpo para siempre. Se sintió verdaderamente libre por primera vez en su vida.

En medio de este escenario fantasmal surgió, también desde el fondo de la grieta, un caballo negro colosal. Sin saber cómo, Pedro se encontró montado en él y, acompañado por las sombras y los espíritus de su familia imaginada, desapareció cabalgando dentro de la grieta.

La búsqueda, que se prolongó durante varias semanas, no comenzó sino hasta dos o tres días después de la desaparición de Pedro Huizar. En un principio todo mundo esperaba que apareciera inconsciente en alguna cantina o perdido de borracho a mitad del camino. No fue así. Comenzaron a buscarlo, pero no lograban hallar ni rastros de él. Todos los habitantes del pueblo estaban desconcertados. Parecía que se lo había tragado la tierra.

    A los pocos días, cuando ya casi se habían dado por vencidos, muy cerca de una casona que tenía muchos años de estar vacía y abandonada, encontraron, entre agostados juncos y secos arbustos, un jorongo viejo tejido de lana. Una larga pipa metálica de opio a medio acabar. Y unas huellas... huellas imposibles, desmesuradas, de caballo...

REGALO EXTRAORDINARIO

El regalo más extraordinario que jamás he recibido dejó una marca lacerante en mi alma que nunca se ha borrado. Ocurrió hace muchos años. Yo tendría apenas dos años y medio o tres. Pero recuerdo el día tan vívidamente como si hubiera sucedido hoy mismo. Los detalles del suceso están fotografiados en mi mente y cuando los traigo de vuelta al presente reviven en mi los sentimientos de aquél día: asombro, desconcierto y desolación.

Era la una o una y media de la tarde. Recuerdo la hora con ridícula precisión porque era la costumbre en aquella época que los niños comiéramos justo a la una. Mi mamá estaba con nosotros en la cocina, pero más al pendiente de mi hermano Carlos, un año menor que yo, que de mí.

Como cualquier niña, estaba yo distraída con alguna trivialidad o con la comida misma cuando sufrí, de repente, un gran sobresalto. Escuché a mi abuelo gritando. Me estaba llamando desde lejos y me pedía, por favor, que fuera a buscarlo. Era extraño, porque él sabía que era la hora de la comida, y aún así me estaba llamando. Sentí la imperiosa necesidad de ir a buscarlo en ese preciso instante, pero no podía levantarme de la mesa hasta que terminara todo lo del plato.

Mi abuelo y yo éramos muy unidos y yo lo quería más que a nadie. Desde que nací, él vivía casi para mí. Me dedicaba la mayor parte de su tiempo y pasábamos las mañanas enteras cantando, jugando, paseando en el jardín o en el parque y repitiendo, incansablemente, los números, los colores y los nombres de las cosas en inglés. El quería que yo supiera hablar varios idiomas desde pequeña. No sé por qué. Me hablaba de muchas cosas y yo me fascinaba con los relatos y me sentía feliz de aprender cosas nuevas. Mi abuelo era todo para mí.

Un segundo llamado y otro sobresalto para mí. Mi abuelo me llamaba nuevamente suplicándome que fuera pronto a buscarlo. No podía esperar más. Me atraganté la comida hasta terminar. Mi mamá no entendía mi repentina desesperación porque ella no podía escuchar los gritos de mi abuelo; quizás por lo agobiada que estaba ese día o tal vez porque los adultos ya no somos capaces de ver o de escuchar más allá de lo obvio o lo tangible. Sin esperar más y con el último bocado todavía en la boca salí de la cocina atropelladamente. Atravesé corriendo el largo patio de la casa hasta que llegué al final, donde estaba el taller de mi abuelo.

En realidad no era un taller, era el sótano de la vieja casa donde vivíamos que había sido construida a mediados del siglo

XIX, cuando tener sótanos era lo más común. Era un sótano largo, oscuro y de techo muy bajo, parecía más un pasillo ancho que otra cosa y se respiraba un cierto olor a viejo y a melancolía, pero ahí encontraba mi abuelo paz y quietud para estar con él mismo. El lugar estaba iluminado por dos o tres focos de luz escasa que colgaban del techo y por varias lámparas, todas antiguas y diferentes, colocadas estratégicamente en los distintos rincones donde mi abuelo guardaba sus cosas y trabajaba. Pasaba horas escribiendo, pintando o ideando proyectos de carpintería o perfumería por mero pasatiempo. También dedicaba mucho tiempo a la lectura y al estudio de artes o ciencias que inquietaban su mente aún a esa avanzada edad.

Llegué jadeando al taller y me detuve súbitamente. ¡La puerta estaba cerrada! Me pareció sumamente extraño porque mi abuelo nunca cerraba la puerta. El sótano era tan oscuro que aún con todos los focos y lámparas encendidos era indispensable tener la puerta abierta. Quizás mi abuelo no estaba ahí. Pero tenía segundos que me acababa de volver a llamar… por tercera vez. Yo había escuchado su voz claramente cuando venía corriendo por el patio y hasta le respondí, lo más fuerte que pude a la vez que corría, que ya casi llegaba. "¡Ya voy abuelo! ¡Ya casi llego! ¡Espérame!". Con la puerta cerrada no lo hubiera podido escuchar. ¿Por qué estaba cerrada la puerta?

Me quedé parada, hipnotizada, mirando la puerta como si en ella estuviera la respuesta. Era una puerta fuerte, robusta y pesada, de media altura pero de ancho regular, lo que le daba un cierto parecido a las puertas de las casas de los enanos, los de los cuentos. Había sido fabricada toda de roble para que aguantara muchos años, pero en algunos lugares las grietas evidenciaban el paso de los años. Estaba barnizada en color paja. En la mitad superior tenía cuatro pequeñas ventanas, dos arriba y dos abajo, separadas entre sí por dos molduras delgadas de madera, una vertical y una horizontal, barnizadas en el mismo color que el resto de la puerta. A través de esas ventanas se podía ver hacia adentro del sótano.

Sin pensar, porque a esa edad no se piensan las cosas, me asomé por una de las pequeñas ventanas. Acerqué mi rostro al vidrio apoyando mis dos manos sobre una de las molduras horizontales para poder levantarme de puntitas y ver mejor. ¡Ahí estaba mi abuelo! Sonreí. Lo llamé.

-Ya llegué abuelo. Aquí estoy.

No me respondió. A través de la ventana alancé a ver que estaba sentado en su silla de siempre, detrás de su escritorio, rodeado de una oscuridad crepuscular y en una posición inusualmente suelta: la cabeza ligeramente inclinada hacia atrás, los brazos colgando libremente a ambos lados de su cuerpo y con los ojos cerrados. Y su rostro, su rostro estaba manchado de una especie de pintura roja.

Lo llamé y golpeé sobre el vidrio con mi mano. Parecía no escucharme porque no se movía. Concluí que estaba dormido.

Sentí un confuso malestar y un poco de miedo. Fui a

buscar a mamá a la cocina para decirle que mi abuelo estaba dormido y tenía pintura en la cara.

-Por supuesto. Está pintando en su taller, respondió mi mamá sin ponerme mucha atención. Todavía estaba en medio de su agobio del día.
-Me da miedo.
-Sólo es pintura. Ve con él.
-No. Me da miedo la pintura.
-Anda. Ve. Insistió mi mamá. No pasa nada. El te está esperando.

Con esa seguridad que transmiten las mamás con tan solo una mirada y con la esperanza de que realmente me estuviera esperando, regresé al taller. Con miedo y titubeo volví a asomarme por la ventana, lentamente y apenas asomando los ojos lo necesario para medio alcanzar a verlo. Seguía dormido.

Decidí entrar a despertarlo. Con las dos manos empujé la puerta suavemente para abrirla y al bajar el primer escalón hacia adentro del sótano fui sorprendida por una escena terrible. Mi abuelo tenía el rostro pálido, casi blanco, pero coloreado en algunos lugares por manchones rojos de algo que parecía pintura y la boca la tenía parcialmente abierta. El color cadavérico de su rostro, totalmente inexpresivo, contrastaba con el traje azul oscuro, elegante y de solapa angosta, que acostumbraba ponerse cuando iba a salir a hacer alguna visita.

Fue tal la impresión que no pude emitir sonido alguno. Cerré los ojos con fuerza arrugando la frente para desaparecer la escena que tenía frente a mí. Y fue justo en ese momento, con los ojos bien cerrados, que alguien me habló: "Roci, acuérdate que eres capaz de hacer todo lo que tú quieras si te lo propones. Te quiero más que a nadie. No me olvides". Abrí los ojos de inmediato esperando ver a mi abuelo ya despierto, pero la escena me precipitó en un gran desconcierto. ¡Todo seguía igual! El seguía en la silla, suelto, inmóvil, sin vida, con los ojos cerrados, la boca entreabierta y los manchones rojos sobre el rostro casi blanco...

Salí corriendo del sótano. Me senté en el piso en un rincón del patio, detrás de una gran maceta rebosante de helechos y volví a cerrar los ojos fuerte, fuerte, fuerte. No recuerdo haber sentido dolor o tristeza. De hecho no recuerdo nada más.

Cuando salí del estado de shock y desolación en el que caí durante varias semanas, mi abuelo ya había desaparecido de mi vida para siempre. No fue sino hasta muchos años después que entendí lo que había pasado. Ese día, mi abuelo, a quién amaba más que a nadie, había muerto. El médico determinó que había fallecido a las 13:30 horas. El había querido despedirse de mí y compartir conmigo un último pensamiento. Sus palabras, las que escuché cuando cerré los ojos para no ver la terrorífica escena de mi abuelo muerto, quedaron grabadas en mi mente y en mi alma para siempre.

Durante mucho tiempo, años, cada vez que pasaba en frente del sótano, cerraba los ojos y volteaba la cara para no ver aquella puerta que se asemejaba a las de las casas de los enanos. Tenía mucho miedo de lo que pudiera haber del otro lado.

Hoy día la puerta ya no existe y yo ya no tengo miedo, pero las últimas palabras de mi abuelo, que escuché de manera inexplicable cuando él ya había fallecido, definieron en gran parte quien soy ahora. "Tú eres capaz de hacer cualquier cosa si te lo propones".

Sin duda un regalo insólito y extraordinario que me dio mi abuelo y que he llevado conmigo toda la vida.

MUJER DIVINA DE SONRISA INFINITA

No soy mujer de letras. Nunca he sido. No puedo plasmar en palabras ni las más simples ideas de manera precisa y clara. Pero ahora que casi he dejado de existir siento unos deseos incontenibles de escribir mi historia, pero no para hacer saber a otros la razón de mi desesperación, sino para recordar y así volver a vivir, una vez más, la única historia de amor y deseo que jamás conocí.

Mi historia comienza como todas, un día cualquiera. Lo único que tenía de particular es que era el primer día de clases para todos los que estábamos inscritos en cursos de doctorado en la Facultad de Ciencias Aplicadas. Habían pasado cerca de quince años desde que había terminado la maestría y finalmente, después de todo ese tiempo, me había decidido a volver a la universidad para buscar el grado de doctor.

Yo estaba sentada en uno de los pupitres de la primera fila del salón donde se impartiría la clase de Fisicoquímica I. El grupo era pequeño, quizás diez o doce personas, y para gran fortuna mía, la mayoría se veían más o menos de mi edad. Nos veríamos los martes y los jueves durante todo el semestre. A los pocos minutos de haber llegado, se presentaron los dos profesores encargados del curso: el doctor Alfredo, titular y experto en la materia, y Carlos, su asistente. Ambos me parecieron muy agradables e inteligentes, pero fue Alfredo el que me causó una fuerte impresión. Cuando hablaba era evidente su intensa pasión por las ciencias físicas y biológicas, pero al mismo tiempo se proyectaba como una persona sencilla, auténtica y espontánea. Pensé que era un privilegio tenerlo como maestro para este curso que tenía fama de ser muy difícil y complicado.

La primera clase estaba por terminar cuando sentí la presencia de alguien muy cerca de mí y una mirada intensa, de esas que te hacen voltear aunque no quieras. Levanté la vista y caí en cuenta que era Alfredo, el doctor Alfredo, quien estaba parado a mi lado. Nuestras miradas se cruzaron y, sin razón alguna, sonreímos discretamente en complicidad con el universo. Me perdí momentáneamente contemplando sus ojos claros de color indefinido y quedé atrapada en su mirar profundo y tierno. Cuando reaccioné, volví de inmediato a la realidad de la clase fingiendo que nada había ocurrido. No comprendí, sino hasta mucho tiempo después, que fue en ese justo instante que empezamos a construir nuestro propio universo. Durante el resto del día no pude dejar de pensar en sus ojos claros y su encantadora sonrisa. Al acordarme de él sonreía y mi interés por la fisicoquímica aumentó considerablemente.

No fue necesario esperar hasta la siguiente clase para tener noticias suyas. Ese mismo día recibí un correo electrónico: "Mariel, te mando este mensaje porque, como explicamos en clase, vamos a formar dos equipos de trabajo, uno lidereado por Carlos y otro por mi. ¿Te gustaría estar en mi equipo? A mi me encantaría trabajar con alguien sensible e inteligente como tú. Me confirmas la próxima clase por favor". Fue muy grato recibir el correo, pero... ¡sensible e inteligente! Me encantaron ambas palabras. Un tanto antagónicas cuando pensadas por separado, al escribirlas una junto a la otra cambiaba el significado de ambas para dar origen a algo totalmente nuevo.

El jueves, día en que vería al doctor Alfredo nuevamente en clase, desperté sintiéndome ligeramente angustiada y nerviosa. A las nueve en punto entré al salón y noté que él aún no había llegado. Fui a refugiarme a mi asiento, el mismo que había elegido el primer día. Respiré profundo e intenté relajarme. A los pocos minutos llegó Alfredo y, después de un "buenos días" para toda la clase, fue directo a buscarme. Mientras él me hablaba, yo sólo podía enfocarme en su voz y en sus ojos. Los miraba como tratando de descubrir sus secretos. Me di cuenta que además de intensos, esos maravillosos ojos de color ocre pálido, eran caprichosos y cambiantes bajo el efecto de la luz. A través de ellos percibí una energía inagotable, mucha luz y una sensibilidad extraordinaria por todas las cosas naturalmente hermosas de este mundo. Sin escuchar ni una palabra siquiera de lo que el doctor decía, confirmé que sí formaría parte de su equipo, y después de un escueto y aburrido "perfecto, entonces así quedamos" de su parte, terminó el tan anhelado encuentro con él. Me quedé con un sabor a decepción que, afortunadamente, no duraría mucho.

Unas horas más tarde apareció un mensaje en mi computadora que decía: "Además de sensible e inteligente, tienes una sonrisa encantadora". ¡Me dio un brinco el corazón! Y me puse un poco tensa. Muchas veces había recibido comentarios agradables acerca de mi sonrisa, pero esta vez era diferente. Las palabras eran concisas y directas, pero también hermosas. Lo recibí como un comentario auténtico, pensado y escrito especialmente para mí y para nadie más. A lo largo del día leí la frase varias veces, y cada vez volvía a sentir esa deliciosa tensión en todo el cuerpo que me tenía fascinada. Decidí responder a este correo amablemente. Le di las gracias por el comentario halagador y le advertí que podría volverme inaguantable si volvía a decirme cosas así de lindas. Su respuesta no se hizo esperar. "Bueno, pues es la verdad, y no creo que te pongas inaguantable porque otra de tus virtudes es la simpatía". Me encantó que pensara esto de mí. Y más que lo escribiera. Pero también me sentí emocionada. Extrañamente emocionada. «Yo no soy así», pensé. En general, no me emociono con las cosas románticas y no creo en palabras dulces y celestiales porque casi nunca son sinceras. La mayor parte del las veces son réplicas, copias, de frases hermosas y sublimes que fueron pensadas y escritas por algún poeta para halagar a la mujer de sus sueños, y los hombres las reutilizan, las reciclan, con cada nueva conquista, con cada nuevo amor. Sin embargo, la emoción que sentía al leer lo que Alfredo escribía era real. La sentía nacer dentro de mí.

Transcurrieron varias semanas sin novedad y sin más mensajes. No supe nada de él fuera de clase. Mi vida regresó a la normalidad. No más emociones... En clase fui una alumna más. Su trato hacia mí fue igual que al resto del grupo y no hubo nada, ni un detalle siquiera, que me hiciera sentir especial o diferente. Cuando estaba fuera de clase lo extrañaba y a veces me ponía un poco triste. Otros días me sentía molesta, decepcionada o tal vez resignada. «Así está mejor. No me importa», pensé muchas veces. «Me cae muy bien. Me encanta, pero él es el profesor y yo la alumna. Se acabó». Pero las cosas que se piensan y se dicen son unas y las que se sienten son otras. La verdad es que no podía olvidarlo, ni dentro ni fuera del salón de clases y deseaba, de corazón, que volviera a aparecer.

Y un día así fue. Reapareció en mi pantalla inesperadamente. "Hola Mariel, buenos días. ¿Sabes algo? Cuando desperté esta mañana sentí la imperiosa necesidad de decirte que es muy grato tenerte en el curso. Cuando estamos en clase disfruto mucho la complicidad tácita que tenemos y me gustaría guiñarte un ojo, pero alguien podría darse cuenta. Me encanta tu sonrisa y tu avidez. Te mando besos más soleados que ayer y espero con ansia la próxima clase para tener la fortuna de tu sonrisa". ¡Se me iluminó la vida otra vez! Me invadió esa maravillosa sensación de mariposeo en el estómago que hacía muchos años no sentía y, me olvidé de respirar durante algunos. Me quedé inmóvil, congelada, mirando la pantalla. No podía pensar... pero tampoco quería. Caí en un estado de parálisis mental durante varios minutos, hasta que poco a poco volví a ser yo misma. ¡Te mando besos soleados! ¿La fortuna de tu sonrisa? Releí el correo muchas veces, no sé cuántas. No podía controlar la emoción que sentía. Tuve que recurrir a mi lado racional y analítico para recuperar la serenidad y el control de mi misma. Me cuestioné qué me estaba pasando porque nunca me había sucedido algo así. «Son sólo palabras», pensé. «Las palabras no pueden tener un efecto tan poderoso sobre mí». Y sin embargo, lo tenían.

En los días que siguieron nuestra comunicación se hizo más constante y el tono cambió. Empezamos a escribirnos dos o tres veces por semana y con cada correo yo me sentía más atraída por Alfredo, el profesor, el investigador y también por el hombre. Escribía con una precisión y una claridad impresionantes. Descubrí que las palabras adquirían un nuevo significado cuando él las utilizaba y, como por arte de magia, al ser leídas se transformaban en imágenes, en sensaciones y en emociones. En uno de los mensajes le dije: "Cuando escribes lo haces muy bien. Eres capaz de transmitir sentimientos y emociones que tocan el corazón del lector. Debe ser por la extraordinaria sensibilidad que traes dentro, que casi nadie conoce, y que a veces te impulsa a contemplar los cielos y el horizonte. Sin proponértelo utilizas frases y metáforas maravillosas que algún día te voy a pedir prestadas". Cerré la nota con un típico pero ya no tan automático "te mando un beso". Su respuesta llegó casi de inmediato. "¿Sabes? Tú escribes muy rico también. Escribes como eres. Casi se te puede sentir, eres espontánea y auténtica, clara. Y aprovecho este correo para decirte que es muy difícil ser impermeable a tus linduras. Eres una mujer muy afortunada y se te nota, y enamoras. PD. Espero ese beso, ¡eh!". El impacto fue más fuerte que con los correos anteriores. No sólo se me tensaron los músculos y dejé de respirar, también se me aceleró el pulso y una dulce temblorina se apoderó de todo mi ser. Algunas lágrimas aparecieron en mis ojos. ¡Cómo es que las palabras pueden hacer llorar! Con este correo quedé enganchada, de una manera inexplicable, a Alfredo, y… a las palabras que de él nacían.

El curso seguía avanzando y en las clases todo seguía igual. Había mucha más integración entre todos y el ambiente era agradable y cordial. Yo seguía siendo una alumna más. Pero nuestra comunicación a través de la computadora (muy rara vez hablábamos por teléfono) fue haciéndose cada vez más personal, más íntima, a veces hasta con un toque de sensualidad. "Mariel, mujer de sonrisa infinita, sólo tres horas a la semana somos profesor y alumna, el resto del tiempo, el resto de las miradas, somos amigos, cómplices, amantes. ¿Mañana puedes mirarme y sonreírme así, tan rico como miras y tan rico como sonríes? Dime, mándame, hazme llegar algo bonito para quedarme suspirando al pronunciar tu nombre, como lo he hecho en los últimos días". ¡Era increíble! Cada palabra, cada frase, me hacía sentir algo, ya fuera sonreír, suspirar, añorar y hasta llorar.

Cuando nos conectábamos por chat el diálogo entre nosotros se daba de manera tan natural y fluida que las horas se nos iban volando. La conversación podía ser divertida, soez, seria, profunda o filosófica o totalmente superficial y vana. No importaba. Nunca agotábamos los temas y siempre la pasábamos extraordinariamente bien.

Alfredo dejó de ser investigador, científico y profesor para convertirse en escritor, en poeta, en un verdadero maestro en el arte de la escritura y la seducción. Empecé a vivir intranquila y nerviosa, a revisar mi correo varias veces al día, con ansia, porque me hacían falta sus palabras para poder asomarme a sus ojos e imaginarme su voz. Cada mensaje suyo me hacía sentir viva y deseada, y yo quería sentirme deseada... por él. Cuando no me escribía lo extrañaba, mucho, y si pasaban varios días sin saber de él me ponía un poco nostálgica y a veces se me hacía un nudo en la garganta que me costaba trabajo disimular. Mi vida se estaba convirtiendo en una especie de novela y yo era la protagonista, pero Alfredo era el escritor. ¿Cómo iba a poder resistirme a los encantos del escritor?

Un día, al final de una de tantas conversaciones virtuales llegó una inesperada pregunta: "Mariel, ¿quieres ser mi novia?". ¡No podía creerlo! Cómo íbamos a ser novios si realmente no nos conocíamos. No nos veíamos nunca más que en el salón de clases. "Ante el mundo seremos amigos, pero tú y yo sabremos que somos novios". Por favor dime que sí.". Dije que sí, pensando que todo era parte de un delicioso juego de cortejo y conquista.

Empezamos a hablar como novios, como enamorados. A verbalizar deseos y a compartir fantasías. "Cielo, me urgía sentarme frente a la computadora y enviarte algunas palabras para poder imaginarme que estás junto a mí y que puedo mirarte, besarte y abrazarte fuerte para sentir tu cuerpo contra el mío. Aún en una pantalla como ésta se puede poner un poco de alma, un poco de pasión y un deseo enorme de traspasar las teclas para llegar a rozarnos aunque sea las yemas de los dedos". Era tan gráfico, tan vívido, tan real que sentí calor y deseo. Me quedé pensando qué podía responder a un mensaje así. Era totalmente nuevo para mí y no sabía qué hacer. Decidí no responder y, en consecuencia, Alfredo me bombardeó con más correos. Todos eran lindos, hermosos, impregnados de pasión y deseo y, con cada uno, yo sentía como me estaba derritiendo cada vez más. "Nada puede reemplazar el poder tenerte presente, pero las palabras laten, desmayan, reviven, besan, rozan, tocan, aprietan, gimen, explotan y comparten... Me derrito por ti mujer divina". ¡Esto era demasiado para mí! ¿Qué tipo de relación era esta? ¿Noviazgo o seducción? ¿Virtual o real? ¿Íbamos en serio o estábamos jugando? No tenía respuestas. Pero lo que fuera, ya era demasiado tarde. Pensaba en Alfredo día y noche. Me moría por abrazarlo para sentirlo cerca de mí y quería un beso. No, miles de besos, acompañados de un pelo acariciado y de manos que se buscan, se exploran y se descubren. Quería estar cerca, muy cerca de él.

Fue por esos días que empecé a sospechar que estaba enamorada, pero yo misma descarté esa posibilidad de manera tajante. «No», me dije a mi misma, «eso no está ocurriendo. Es una tontería». Curiosamente, un día Alfredo me confesó que esta relación era muy diferente a cualquier otra:

-No sé qué me pasa contigo Mariel. Te traigo aquí, aquí, aquí, día y noche", dijo, golpeándose suavemente el pecho a la altura del corazón. No, corrigió, te traigo en la piel, en el corazón y también en la mente. Cuando escucho tu voz algo me pasa...y cuando no te veo te extraño.

Esta confesión me dejó atónita y helada porque en ese momento supe que estábamos en una situación complicada. Ambos habíamos estado jugando el juego de cortejo y seducción, pero ahora estábamos perdiendo el control. Ya no se sentía como un juego. Si acaso me quedaba alguna duda, ésta se disipó por completo cuando a la mañana siguiente Alfredo me propuso, en plan muy serio, que fuéramos amigos. Amigos de verdad. Dijo que había estado pensando mucho, reflexionando y que no quería que esto terminara en irnos a la cama una vez, y luego arrepentirnos, sentirnos mal, y no volver a vernos nunca más "Aunque ¡por supuesto que me muero por estar contigo!", aclaró. "Nunca vayas a pensar lo contario. Pero eres una mujer asombrosa, divina, completa en todos sentidos y esta relación da para más, mucho más". Era evidente que al igual que yo, Alfredo estaba librando una batalla interna y estaba recurriendo a su racionalidad y sensatez para poner las cosas en orden y volver a asumir el control de él mismo, y de la situación. Quedamos en ser amigos, frente al mundo...

Un día decidimos, al fin, vernos fuera de clase, como amigos, por supuesto, para poder platicar más y conocernos de otra manera. Además yo quería constatar si de verdad éramos tan afines como creíamos.

-Qué tal si en persona no nos soportamos ni cinco minutos, le dije.
-¡Cómo crees Mariel! Eso no va a suceder, al contrario, va a ser increíble. Ya lo verás.

Fijamos el día y la hora.

El día acordado, cuando iba manejando hacia uno de mis restaurantes favoritos, donde habíamos planeado nuestra cita, tomé conciencia de que ésta era nuestra primera cita a solas. Nos habíamos visto muchas veces en clase, y habíamos aprovechado los recesos para conversar y bromear, pero nunca habíamos estado solos, más que a través del chat o en el teléfono. Por ende, nunca nos habíamos tocado, besado o abrazado siquiera. Claro que ahora éramos amigos, pero de todas formas pensé en cuán importantes son los sentidos en una relación. Moría por verlo. Quería acercarme a él y, con los ojos cerrados, reconocer su olor. Hablarle al oído, muy cerquita, rozando con mis labios su piel y susurrarle algo que provocara un suspiro o una sonrisa. Había soñado muchas veces con tocarlo, abrazarlo y acariciarlo. Y por supuesto, ¡moría por hacer realidad todos esos besos virtuales que habían ido y venido a través del espacio cibernético! Me deshacía de los nervios. La expectativa de lo que pudiera pasar era tan fuerte, tan deliciosa que, ahí mismo, en el auto, empecé a sentirme un poco excitada. «Tranquila», me dije a mi misma, «que no somos novios».

Finalmente llegué al restaurante. Dejé el auto en *valet parking* porque era más rápido y fácil. Entré casi corriendo al restaurante y, cuando me disponía a preguntar por él, lo vi a lo lejos. Estaba sentado en una mesa del fondo, en un rincón tranquilo y privado, con la espalda hacia la pared y mirando vigilante hacia la puerta. Me encaminé con paso rápido. En seguida me vio, y con un gesto de caballerosidad obligada, se levantó para darme la bienvenida con un abrazo y un muy anhelado beso. Sentí cómo me rodearon sus brazos, al principio suavemente, como reconociendo mi cuerpo por primera vez, y luego con más firmeza, apretándome con deseo y adivinando mis contornos. Fue la primera vez que nuestros cuerpos se tocaron. Sentí sus muslos contra los míos y el deseo como una oleada poderosa que creí no poder disimular a pesar de estar en un lugar público. En ese momento, Alfredo me miró a los ojos. Sonrió y pronunciando la palabra "amiga", acercó sus labios a los míos. Titubeó. No sé si para confirmar que yo estaba realmente deseando lo mismo que él o para intensificar aún más la expectativa de lo que vendría a continuación. Al fin sus labios tocaron los míos. Los abrió con un beso intenso, largo, húmedo, cálido, caricia, fuego, síntesis de todas las emociones contenidas en las últimas semanas. Lo abracé con fuerza y luego sonreímos igual que aquél primer día cuando nos conocimos. Dimos por terminado nuestro primer beso, nuestro primer abrazo. Yo no tenía idea que pudiera sentirme de esa manera con un beso. Algo me oprimía el corazón y me dieron ganas de llorar porque me di cuenta que nunca, hasta ese momento, había deseado a nadie como ahora deseaba a Alfredo. Mis falsas creencias de lo que es el amor, la pasión, el deseo, cambiaron ese día para siempre.

El tiempo se nos fue volando. No paramos de hablar, de todo y de nada en particular. Acompañamos nuestra conversación con sonrisas, miradas de deseo, caricias seductoras y varias copas de vino que a mí me hicieron sentirme más libre y relajada para poder expresar lo que sentía y quería. En un instante llegó la hora de despedirnos. Cuántas veces habíamos soñado con este encuentro y ahora, en un abrir y cerrar de ojos, se había terminado. Después de pagar la cuenta me acompañó a pedir mi coche y cuando el encargado del valet parking ya estaba ahí parado, esperándome con la puerta abierta, le dije:

-Espero que la realidad no te haya decepcionado.

-¡Que, qué! ¡Claro que no!, respondió sorprendido. Ese verbo, decepcionar, no figura en el diccionario de nuestra relación. Si abundan, en cambio, variantes de verbos como suspirar, anhelar, extrañar, desear. Y ahora ya sabes que todo lo que hemos deseado con palabras se puede convertir en realidad...

Me dio un beso en la mejilla y sonrió. Me subí a mi coche y arranqué. "Todo lo que hemos deseado con palabras se puede convertir en realidad". Sí, dije para mis adentros, pero en una realidad que supera, más allá de lo imaginable, de lo permitido, todo lo que ambos hemos secretamente sentido al escribir.

Era de esperarse que después de este encuentro real nuestra relación cambiara. Seguimos hablando de muchas cosas, pero en el plano personal empezamos a ser más explícitos y descriptivos al escribir. Volví a pensar que tal vez sí estaba enamorada de Alfredo, pero me negaba a aceptarlo. Y, ahora que ya había probado, con tan solo un beso y un abrazo, cómo podía sentirse el éxtasis de la pasión y el deseo, quería estar con él por sobre todas las cosas. No entendía cómo había llegado a este punto de deliciosa irracionalidad. Quizás fue la sensibilidad de Alfredo y su extraordinaria capacidad para plasmar en palabras precisas cada sentimiento, deseo y emoción. O tal vez fue porque todo lo que me dijo fue auténtico, sincero, real. Cada palabra, cada frase que nació de él fue creada para mí y para nadie más. O tal vez éramos almas gemelas o seres idénticos viviendo en universos paralelos... No lo sé. Pero estar con él era lo que más deseaba en esta vida.

El tiempo pasaba muy rápido y el final del semestre estaba cerca. Tanto los profesores como los estudiantes teníamos mucho trabajo y se sentía el típico estrés de final de cursos. Alfredo y yo casi no teníamos tiempo ni de chatear. Habíamos platicado, varias veces, de salir juntos otra vez, pero parecía que no encontrábamos el tiempo para hacerlo. Una vez le mandé un correo que sólo decía: "Di que sí... ¡Por favor!". El respondió "Si...". ¡Qué feliz me sentí!! Sólo era cuestión de tiempo.

Los sonidos apagados de la noche. La luna esplendorosa. Las luces citadinas. Algún ruido urbano a lo lejos. Una habitación iluminada. Suave música de fondo. Una pareja bailando. Sus ojos claros de color indefinido. Su mirada. La mía. Su respiración acelerada. Un deseo que llega en oleadas. Su olor. Su aliento. Y su boca, acercándose a la mía lentamente, para abrirla con un beso sublime, largo, preludio de mi primer y único momento de pasión y deseo en la vida. Y entonces, con los últimos compases de un tango suave y sensual, me cargó y me colocó sobre la cama. Trató de contenerse y no ceder al impulso de abalanzarse sobre mí. Me besó la frente, las mejillas, los ojos, la boca. Lentamente, y con una seguridad y aplomo que sólo los hombres de más de cuarenta pueden alcanzar, me desabrochó los botones de la blusa, uno por uno. La abrió suavemente y descubrió mi cuerpo, bronceado pero suave, como se lo había imaginado muchas veces. Besó cada centímetro accesible, sintiendo el calor y a tersura de mi piel. Sus besos recorrieron mi torso y fueron bajando, poco a poco, con paciencia, con amor, hasta llegar al ombligo. Abrió el cierre del pantalón y lo bajó revelando un vientre plano y unos muslos firmes. Me vio desnuda contra la blancura de la cama y sus labios y sus manos recorrieron mi cuerpo hasta memorizar cada lunar, cada peca.

Cuando Alfredo se quitó la ropa nos olvidamos del mundo entero. No existía nadie más, nada más, sólo nosotros dos y la energía que emanaba de nuestros cuerpos como una luz imperceptible. Ninguno de los dos sabía que se podía amar de esta manera. Yo estaba maravillada de descubrir el cuerpo de Alfredo y lo recorría, lo conquistaba, lo sorprendía. Poco a poco nuestros cuerpos se fusionaron en uno solo. Avanzábamos juntos hacia el mismo fin, adelantándonos a los deseos del otro, a un mismo ritmo. La entrega total era mutua. Alfredo sintió vibrar mi cuerpo y en ese momento un estallido formidable lo hizo suspirar, gemir, mientras yo me perdía en un nuevo mundo de sensaciones que jamás me había imaginado.

Ahí estuvimos un largo rato, descubriendo el amor en plenitud, suspirando, palpitando, respirando, hasta que nuestros cuerpos empezaron a pedir besos y caricias más serenas, tranquilas, menos pasionales. Al terminar, sonreímos. Alfredo dijo, más para él que para mí, "eras tú", y nos quedamos dormidos soñando el mismo sueño y deseando no despertar.

Así es como quisiera escribirlo, cuando pase. ¡Pero no ha sucedido nada aún! Y esa es la razón de mi desesperación. Lo hablamos y lo planeamos, pero ahí quedó todo. Las cosas cambiaron drásticamente. El semestre terminó y Alfredo tuvo que regresar al extranjero, a su vida de siempre, a cumplir con múltiples compromisos de trabajo. Su año sabático había terminado. Yo me quedé, como una alumna más, en la Facultad de Ciencias Aplicadas. No hubo despedida porque nos íbamos a ver muy pronto. Pero tampoco hubo promesas de amor ni juramentos eternos. No hubo lágrimas ni dramas. Los dos éramos adultos maduros e inteligentes y sabíamos que así tenía que ser. Nos volveríamos a ver, seguro. De todas maneras, cuando se fue, la sensación de vacío fue enorme. Me sentí triste, sola y con ganas de llorar.

Durante mucho tiempo traté de olvidarlo, de seguir adelante con mis cosas. Pero no pude. Pasaron días y semanas que se convirtieron en meses. Aunque todavía teníamos comunicación por correo, ya no era tan frecuente y, obviamente las cosas no eran como antes porque no nos veíamos. Sabía que era un hombre sumamente ocupado, que estaba involucrado en mil cosas y viajando mucho. Pero aunque lo entendía, no podía dejar de añorar, de desear, de extrañar. Durante el día soñaba despierta con ese momento que nunca se dio, trataba de imaginarme cómo hubiera sido y en las noches creía verlo, escuchar su voz y hasta sentirlo a mi lado, en la cama. No dormía bien y casi no comía. Conforme pasaban los días mi sufrimiento aumentaba. Sentía un hueco enorme dentro de mí. Me sentía desesperada y quería escapar de ese dolor. Cumplía, con excelencia, con el trabajo y los estudios. Me convertí en la mejor estudiante del grupo, pero mi mundo era gris. No había color. No había música. Empecé a perder el apetito y el interés por todo. Me alejé de compañeros y amigos. Pasaba mucho tiempo dormida, o pretendiendo dormir, porque así podía soñar con él.

Un día amanecí con el cuerpo adormecido. No sentía nada del cuello hacia abajo y estaba completamente mareada. Podía sentir los latidos de mi corazón en las sienes con tal fuerza que parecía que iban a explotar. Veía borroso. Pensé que iba a perder la conciencia y me alegré mucho. Pero no fue así. No me desmayé. Me quedé sin fuerza en las piernas, perdí el equilibrio y me desplomé sobre el piso, pero seguía estando consciente. Seguía llorando su ausencia. Me iba debilitando más y más y a ratos perdía la conciencia y me sumergía en un sueño profundo que disfrutaba enormemente porque en ese estado de inconsciencia podía verlo y sentirlo como si fuera real. Muchas veces, en clase, había admirado sus brazos fuertes y bronceados por el sol, y ahora soñaba con ellos y podía sentir cómo me rodeaban y abrazaban. Ese era mi lugar, en sus brazos, ahí pertenecía. Otras veces me imaginaba sus manos recorriendo cada centímetro de mi cuerpo y la sensación era tan real que me despertaba nerviosa y exaltada. Otras veces escuchaba su voz pronunciar mi nombre "Mariel" o llamarme desde lejos: "Cielo, amor, por favor ven. Te extraño y te deseo tanto... ".

Al cabo de unas semanas, el médico diagnosticó extrema debilidad por causa desconocida y me mandó reposo absoluto. Yo sabía que estaba muriendo de amor.

Hasta hace algunos meses no podía entender, ni imaginar siquiera que alguien pudiera morir de amor como, según mi abuela, murió su hermana mayor en los días de la revolución. Al parecer la historia de mi tía abuela se repetiría. Yo sabía que muy pronto no iba a poder despertar de estos sueños profundos en los que continuamente me perdía, pero ya estaba lista.

Y así es como he llegado a este día y a este momento. Pero antes de dormirme eternamente, de dejar de existir, tenía que recordar, para así volver a vivir, por última vez, la única historia de amor y deseo que jamás conocí en mis casi cuarenta años de edad. Ahora ya terminé de contarla.

Me recuesto en la cama. Cierro los ojos que son el telón que desaparece el día. Me interno en mi mundo de los sueños y busco a Alfredo para retomar las cosas que hemos dejado pendientes.

A lo lejos escucho el timbre. Alguien entra. Sube la escalera. Entra a mi habitación.

Creo que ya me estoy perdiendo en mi último sueño.

Alguien se acerca. Siento su presencia a mi lado. Me mira con intensidad. Abro los ojos. Nos miramos y en un instante me perdí en el universo de sus ojos claros de color indefinido. Sonreímos. "Mujer divina de sonrisa infinita".

Sentí como mi cuerpo se recargó de energía y se llenó de luz, de vida. Pocos minutos después nos perdimos juntos en el ardiente calor del deseo, fuego implacable, éxtasis total… y el cielo se abrió para ambos. Nunca jamás nos volveríamos a separar.

BIOGRAFÍA

JOSÉ ÁNGEL FIERRO ARANGO

PRIMERO VIDA...

La personalidad y carácter de todos los hombres y mujeres se va moldeando y perfilando, poco a poco, por el entorno en que vivimos, pero muchas veces el golpe lacerante de unos cuantos eventos puede marcarnos de por vida y determinar, en gran parte, quiénes somos.

Éste es el caso de José Ángel Fierro Arango, reconocido y comprometido ensayista mexicano que empieza apenas a incursionar en el periodismo y en el mundo novelesco de la ficción. Durante sus años de formación como hombre y escritor, un par de incidentes tocaron su vida cambiándolo para siempre. Antes de los veinte años, su alma se desdibujó por la trágica y repentina desaparición de su abuelo y, años más tarde, de Georgina. En esa misma época de adolescencia tardía, le tocó no sólo presenciar, sino ser parte de una de las manifestaciones sociales más violentas y sanguinarias del siglo XX que buscaba, como muchas otras, el aniquilamiento de las falsas democracias

—que eran, en realidad, dictaduras militares disfrazadas de cualquier otra cosa— y de las injusticias sociales. Algunos años después experimentó muy de cerca el incesante hostigamiento, la terrible inseguridad y la aberrante violación a los derechos humanos durante la dictadura de Noriega en Panamá. Estas experiencias cambiaron radicalmente a José Ángel y marcaron el final de su juventud. Pero José Ángel se seguiría transformando en los años por venir, hasta convertirse en el hombre visionario, determinante, carismático y seguro de sí mismo que un día, no hace mucho tiempo, decidió que quería ser escritor.

José Ángel Fierro Arango nació en 1950, en la Ciudad de México, la ciudad de los palacios, que en aquella época también era "la más transparente". Casi desde cualquier punto se podían observar el Popocatépetl y el Iztaccíhuatl, los dos magníficos volcanes que eran el orgulloso emblema de la majestuosidad de nuestra ciudad. Su madre, Consuelo, era colombiana, de apenas diecinueve años cuando, de visita en México, conoció a José, un joven sastre, varonil, bien parecido y de carácter afable, de quien se enamoró a primera vista. José también era de Colombia y había venido a la Ciudad de México como encargado de una compañía de textiles que estaba buscando abrir nuevos mercados. De regreso en Medellín, Consuelo comenzó a cartearse con José y surgió entre ellos una comunicación amorosa y muy intensa que terminó en matrimonio antes del año de haberse conocido. Establecieron su residencia en México. Poco después de casarse, Consuelo quedó embarazada y el 11 de octubre nació José Ángel, el primer nieto por ambos lados de la familia.

La infancia de José Ángel transcurrió feliz. Antes de su primer cumpleaños, su abuelo materno, Pedro, viudo y solo desde hacía muchos años, vino a pasar una temporada con Consuelo y José para ayudarlos con el arranque del negocio de confección de trajes que José acababa de montar, la construcción de la primera casa familiar y un nuevo bebé que estaba a punto de nacer. Don Pedro nunca volvió a Colombia, se quedó en México donde vivió nueve años hasta que un día la muerte lo sorprendió. Consuelo se imaginó que, de haber tenido la oportunidad, él hubiera pedido que lo enterraran aquí mismo para estar cerca de su hija y sus nietos, así que lo sepultaron en el Panteón Civil, donde aún descansan sus restos.

Bajo los cuidados de su mamá y su abuelo Pedro, José Ángel creció cuidado, protegido y hasta un poco mimado. Pasaba la mayor parte del día con su abuelo que, entre juego y juego, le enseñaba canciones, números y letras en español, inglés y francés. Se iban de paseo a Chapultepec y ahí, resguardados por los árboles, lagos y fuentes, le contaba interminables historias fantásticas que inventaba y alargaba con capítulos nuevos cada día. A veces también exploraban las librerías del centro en busca de material nuevo que pudieran leer juntos en voz alta, aunque al principio José Ángel sólo escuchaba y, luego, poco a poco, empezó a leer hasta que llegó el día en que él leía y su abuelo era el que escuchaba. Frecuentemente se iban los dos solos de excursión al campo o al bosque y ahí pasaban horas inolvidables hablando de los misterios de la vida, la magia de las estrellas y las virtudes que transforman a un niño en un hombre íntegro y confiable. José

Ángel recordaría estas conversaciones el resto de su vida.

A los cinco años, José Ángel aprendió a leer y a escribir y a los seis ingresó a primero de primaria en un colegio privado, mixto y bilingüe. Era un niño inteligente, pero callado, algo tímido e inseguro. A pesar de haber aprendido muchas cosas con su abuelo, en el colegio sus calificaciones eran bastante mediocres; sin embargo, un incidente, que pudo haber sido insignificante y pasar desapercibido, lo transformó radicalmente. Su maestra, *miss* Lourdes, preguntó en clase alguna cuestión gramatical que tenía que ver con la conjugación de los verbos en inglés. José Ángel, quien normalmente no participaba en clase, pidió la palabra pensando que todo el grupo querría contestar. Para su sorpresa, fue el único en levantar la mano. La bajó de inmediato. Quiso pasar desapercibido, pero era demasiado tarde, la maestra lo había visto y le pidió dar la respuesta. Con voz frágil y quebradiza, respondió. La explicación que dio fue la correcta y la maestra exigió que la repitiera, para que todos pudieran escuchar. Hubo una segunda pregunta que nadie en el salón pudo responder. Nadie excepto José Ángel. Ese día, además de las felicitaciones de la maestra, José Ángel recibió otra cosa: una dosis reforzada de seguridad y confianza en sí mismo. Dado que era un niño de verdad inteligente, le quedó perfectamente claro que él había comprendido conceptos que resultaban difíciles para el resto de la clase y que sabía muchas más cosas que sus compañeros. Nunca dijo nada a nadie, pero este episodio lo motivó a participar más en clase, poner atención y empeñarse en todos los trabajos escolares. En dos meses, pasó de ser un alumno promedio, mediocre, a ser el primero. Nunca volvió a dejar ese lugar. Para cuando terminó el primero de primaria ya se habían vuelto costumbre, en la casa de los Fierro Arango, los diplomas, premios y reconocimientos mensuales en todas las materias.

La primera manifestación de José Ángel como escritor se dio a los ocho años. A petición de su maestra de segundo, escribió un pequeño cuento que ganó el primer lugar en su categoría en la Ciudad de México y pasó a semifinales a nivel nacional. Pero para las maestras del colegio no tenía nada de particular que el niño más aplicado de todos los segundos ganara el concurso de cuentos, así que lo felicitaron, como siempre, y el incidente, junto con el cuento, quedó archivado en el pasado. A los nueve años, José Ángel se convirtió en un ávido lector de novelas de aventuras y misterio para niños. Las colecciones clásicas de Enid Blyton (*Club de los cinco*, *Los siete secretos* y la serie de *Misterios*) lo introdujeron en la lectura, y Julio Verne y Salgari lo transformaron en adicto a las letras. Cualquier oportunidad que tenía, aprovechaba para leer: en el coche, en clase, en las noches a escondidas —con una lamparita bajo las cobijas—, los domingos temprano antes de que los demás despertaran y hasta en misa. Era un niño literariamente feliz.

Ese mundo de armonía, felicidad y logros escolares constantemente celebrados quedó hecho trizas un veinticuatro de noviembre de 1960. Ese día, cuando José Ángel llegó de la escuela corrió a buscar a su abuelo, como siempre lo hacía. Al llegar al estudio encontró la puerta cerrada, lo cual era extraño, pero se asomó por una de las pequeñas ventanas de cristal biselado. Alcanzó a ver que su abuelo estaba sentado en su silla de siempre, detrás de su escritorio, pero en una posición inusualmente suelta: la cabeza ligeramente inclinada hacia atrás, los brazos colgando libremente a ambos lados de su cuerpo y los ojos cerrados. Sin titubear y sin pensar, porque a esa edad no se piensan las cosas, José Ángel empujó la puerta suavemente para abrirla y al dar el primer paso hacia adentro del estudio se encontró con una escena terrible. Su abuelo se veía inerte, inmóvil, roto, con los ojos cerrados, la boca entreabierta y unos manchones rojos sobre el impávido rostro casi blanco. El color cadavérico de su piel contrastaba con el traje azul oscuro, elegante y de solapa angosta, que acostumbraba ponerse cuando iba a salir a hacer alguna visita. Había sufrido un infarto masivo seguido de una hemorragia incontrolable. Fue tal la impresión que José Ángel no pudo emitir sonido alguno. Cerró los ojos fuertemente arrugando la frente para desaparecer la escena que tenía frente a él. Salió corriendo de la casa. Se sentó en el piso en un rincón del patio, detrás de una gran maceta rebosante de helechos. Volvió a cerrar los ojos fuerte, fuerte, fuerte. En ese momento no pudo sentir ni dolor ni tristeza, pero entendió perfectamente lo que había sucedido: su abuelo había muerto. Jamás lo volvería a ver. Y como si la impresión no hubiera sido lo suficientemente aterradora, por ser el hijo mayor le tocó apoyar a su mamá y avisar a todos los vecinos, conocidos y amigos que su abuelo, su queridísimo abuelo, había muerto. Conforme transcurría la tarde, empezó a darse cuenta del enorme dolor que sentía, y cada vez que tenía que decir "mi abuelo murió", ese dolor se le clavaba más y más adentro. José Ángel tenía diez años.

El golpe de la inesperada muerte de su abuelo fue definitivo para José Ángel. El incidente fue tan repentino y dramático, y la escena que le tocó presenciar tan terrorífica, que quedó sumido en un velo de tristeza durante mucho tiempo. El color, la luz y la música se apagaron en su vida, al menos durante un tiempo. El gran vacío que sentía por dentro dolía más allá de lo imaginable. Le cambió el carácter y se volvió demasiado serio para su edad, reservado e introvertido. Cumplía con el trabajo de la escuela, pero no tenía ánimo para nada más, ni siquiera para leer. Pero el tiempo lo cura todo y el dolor se fue haciendo más soportable. José Ángel sintió que algo le hacía falta y sin saber cómo volvió a los libros. En ellos encontró distracción, resguardo y consuelo. A través de las palabras se sentía conectado con su abuelo, donde sea que estuviera. Poco a poco volvió a surgir en él el gusto por el estudio y una inquietud por aprender y experimentar cosas nuevas que pronto se convirtió en una cualidad intrínseca de su personalidad. Continuó siendo el estudiante más aplicado de la clase, pero también despertó en él el interés por el futbol, la natación y otros deportes, pero lo que más le gustó fue el futbol; jugaba a diario. Casi sin darse cuenta, terminó la primaria.

El paso a la escuela secundaria fue una experiencia refrescante para José Ángel. Todo era diferente y mucho más interesante: el colegio –que les daba a los muchachos mucha más libertad para moverse y tomar decisiones—, los compañeros –que venían de diferentes primarias de la zona— y las materias que había que estudiar. A las pocas semanas de haber comenzado el año conoció a quienes se convertirían en sus mejores amigos de por vida y esto ayudó a que el dolor, que todavía sentía a veces por la muerte de su abuelo, terminara de sanar por completo. A los trece o catorce años se enamoró, por primera vez en la vida, de Georgina, una vecina que les enseñó a bailar a él y a Roberto, su mejor amigo. Al descubrir los fascinantes efectos que el baile puede tener sobre las muchachas, desaparecieron su timidez e inseguridad infantil. Se convirtió en un joven inteligente, deportista, serio y formal, pero también sociable y divertido. Cuando nadie los veía, Georgina, que era una niña alegre, de espíritu vivaz y un poco más experimentada en la vida, también le enseñó a besar. José Ángel nunca había probado algo tan delicioso como los besos de Georgina. Ella se convirtió en su mejor amiga y también, a veces, en su novia. Fueron confidentes inseparables hasta el final de la preparatoria cuando se dejaron de hablar por un berrinche disfrazado de enojo y un tonto orgullo adolescente.

Al terminar la secundaria, José Ángel pasó a la preparatoria en el mismo colegio. En esta nueva etapa que duró de los quince a los dieciocho años, se familiarizó con la literatura universal y nació en él una idílica admiración por la genialidad de Shakespeare, Dostoievski y Kafka y su inigualable capacidad para entender lo más sublime y también lo más oscuro de la naturaleza humana. Como parte de la tarea y los proyectos escolares, escribió reportes, ensayos, resúmenes y crónicas. Se dio cuenta de que mientras sus compañeros se quejaban de tanto trabajo, él disfrutaba enormemente todo lo que tuviera que ver con las palabras y la escritura. Amigos y profesores quedaban impactados con la calidad de lo que escribía, pero, desafortunadamente, como ya había sucedido antes, nadie pensó más allá porque era normal que José Ángel escribiera así de bien, después de todo, había sido, desde primero de primaria, el alumno más aplicado de la generación. Si alguien hubiera puesto un poco de atención, se habría dado cuenta de que dentro de José Ángel existía un incipiente escritor que estaba ansioso por salir y expresarse plenamente. Pero no fue así. Todo lo que escribió en aquella época terminó, junto con los cuadernos viejos y los reportes del laboratorio de ciencias, en alguna caja que con los años desapareció.

En esa época de la secundaria y la preparatoria, también despertó en José Ángel el interés por la música, no sólo para bailar, sino para escuchar y tocar. Estudió piano durante seis años y exploró y se fascinó con el mundo de la composición musical, la armonía y el contrapunto. Con gran sensibilidad y seguridad en sí mismo, interpretó en varios conciertos algunas obras de los genios más grandes en la historia de la música. También aprendió a reconocer y apreciar la perfección técnica en la polifonía de Bach, la rebeldía de Beethoven —que marcó el punto de transición entre el periodo clásico y el romántico en la música— y el contraste romántico-bélico de Chopin quien escribió valses dulces y armoniosos pero también polonesas heroicas y militares que eran patrióticos himnos de guerra. José Ángel compuso algunas piezas musicales muy sencillas que pudo interpretar frente a un público reducido en algunos de los conciertos que dio. La satisfacción que experimentaba al tocar sus propias obras era intensa y la emoción, indescriptible. Sin embargo, un día decidió que lo suyo era la escritura. Con la música se pueden crear obras maravillosas y sublimes impregnadas de tanto sentimiento, fuerza y pasión que pueden afectar el estado de ánimo de quien sea y hasta hacerles perder la cordura, pero las palabras... las palabras son aún más poderosas, porque con ellas se puede hacer vibrar el alma, igual que con la música, pero también se pueden transmitir, con una precisión inequívoca, ideas y pensamientos.

Al acabar la preparatoria, José Ángel estaba más que listo para irse a la universidad. Era un joven muy seguro de sí mismo decidido a lograr grandes cosas en la vida. Sus calificaciones eran impecables, casi perfectas, y llevaba tres años como capitán del equipo de futbol del colegio. Lo obvio, lo que todos esperaban, es que José Ángel estudiara literatura o periodismo, pero no fue así. Ya sea por falta de orientación, por una típica crisis emocional preparatoriana o por un arranque de novelesca rebeldía, decidió estudiar ingeniería química y, más adelante, una maestría en negocios. Y, por si el radical giro vocacional no hubiera sido suficiente para dejar boquiabiertos a todos los que lo conocían, comunicó a su familia y amigos cercanos que se iría de México para estudiar en una universidad en Texas donde viviría durante cinco o seis años. Nadie entendió nunca este súbito cambio de José Ángel. Él menos que nadie.

Poco antes de irse a Texas, a unos días de cumplir los dieciocho años, José Ángel vivió una de las experiencias más aterradoras de su vida: la matanza de estudiantes en Tlatelolco. Él no estaba involucrado ni en movimientos estudiantiles ni en política, ni estaba en sus planes participar en la magna marcha ese octubre de 1968, pero ¿qué joven no se sintió atraído por la utópica idea de desfilar pacíficamente por las calles de la ciudad y expresar su deseo por una sociedad más justa y equitativa? Junto con su amigo Roberto, decidió unirse, sin que sus papás se enteraran, a uno de los grupos que marcharían la tarde del 2 de octubre.

Cuando José Ángel y Roberto llegaron a Tlatelolco, había mucha gente pero todo se veía relativamente tranquilo. Se escuchaban gritos eufóricos, peticiones utópicas y rítmicas protestas. El ambiente hasta se sentía festivo. Pero de alguna manera, nadie supo cómo, todo cambió. La plaza se empezó a llenar de policías, soldados y militares de un grupo especial conocidos como Los Halcones. Empezaron a avanzar y a infiltrarse estratégicamente entre los estudiantes. José Ángel y Roberto sintieron miedo y, tal vez por cobardía o por instinto, caminaron hacia los bloques de departamentos alejándose del centro de la plaza y del tumulto. Cuando ya estaban a la sombra de uno de los edificios, con la espalda contra la pared, vieron un par de helicópteros sobrevolando la plaza. Luego, unas bengalas que iluminaron el cielo de esa tarde por unos segundos, y después, súbitamente, comenzó la pesadilla: disparos, golpes, agresión, gritos, miedo, pánico, confusión, sangre y muerte. Pasmados y paralizados, lloraban de miedo como dos niños pequeños. De repente, en un abrir y cerrar de ojos, sintieron un tremendo jalón que los levantó del suelo y los arrastró a través de una ventana hacia adentro de un departamento de planta baja. Tirados en el suelo totalmente fuera de sí, invadidos por el pánico y la histeria, al igual que las otras personas que estaban ahí con ellos, no entendían qué estaba pasando. Pasados unos minutos se sobrepusieron un poco y se atrevieron a asomar los ojos por la ventana.

Lo que vieron fue una escena brutal e inolvidable. Había cientos de policías y militares por todas partes. De manera desordenada y anárquica, corrían, gritaban con prepotencia, daban órdenes, jaloneaban, golpeaban sin piedad y disparaban contra cualquier estudiante que quisiera huir de la justicia. Días después se sabría que tenían órdenes del secretario de Gobernación de tirar a matar. A algunos jóvenes les disparaban de frente, sin sentir el menor remordimiento ante las miradas suplicantes y desesperadas, y a otros, de la manera más ruin y cobarde, por la espalda, sin darles oportunidad de nada, ¡ni de gritar siquiera! A base de patadas y golpes reprimían a los que se resistían y apresaban a todos los que podían. Los gritos desesperados de los estudiantes, hombres y mujeres por igual, clamando que los dejaran ir, que no les dispararan, que no los mataran, se mezclaban con los gritos amenazantes de los soldados, los disparos de los rifles y el sonido ensordecedor de algunos tanques de guerra que se desplazaban por la plaza. En el cielo, algunos helicópteros sobrevolaban la escena, testigos de la tragedia que estaba ocurriendo. José Ángel y Roberto quedaron paralizados ante el escalofriante espectáculo que tenían frente a ellos. Temblando de angustia, sintiéndose totalmente expuestos, vulnerables e impotentes, perdieron el control de su cuerpo —se estaban orinando de miedo—. En eso, a unos metros, vieron a unos militares que estaban apresando a un estudiante, casi un niño, que luchaba por defenderse. Una mujer, muy joven también, suplicaba, gritaba y volvía a suplicar que por favor no se lo llevaran.

-¡Por favor no se lo lleven! ¡Él no ha hecho nada malo! Se los suplico, ¡llévenme a mí, pero no a él! Es sólo un niño, ¿acaso no lo ven?

Se empeñaba en detener a los soldados. Los zarandeaba. Se les montaba en la espalda. Los empujaba. Los golpeaba con los puños. Jaloneaba al muchacho para retenerlo junto a ella. Los militares le ordenaron, con gritos de autoridad absoluta e incuestionable, estarse quieta:

-Qué la chingada escuincla... ¡estate en paz! ¡Lárgate de aquí!

La mujer se dejó caer de rodillas sobre el pavimento, abrazó las piernas de uno de los soldados y ofreció su cuerpo y su vida a cambio de la del chico.

-¡Mira llévame a mí! A donde sea. Haz de mí lo que quieras, aquí mismo, no me importa, pero déjalo ir! suplicaba entre sollozos.

En un arranque de inconsciencia desesperada, se desabrochó la blusa de un jalón dejando al descubierto sus minúsculos pechos, suaves y tersos todavía, como de niña.

-Hija de puta. Chingada madre. Lárgate de aquí o te ponemos quieta, pendeja, respondieron los hombres totalmente exasperados con la mujer.

La empujaron, pero ella era una mujer que no entendía razones. Se estaban llevando a su hermano de apenas quince años que, como muchos, había ido a la plaza por curiosidad o por diversión, sin entender realmente de qué se trataba el mitin. La muchacha miró a los hombres con odio, les gritó, los insultó y arremetió contra ellos con todo su ser. Explotó en un llanto histérico e incontrolable.

-¿Qué les pasa? ¿Acaso no les gusto? Mátenme, entonces, pero dejen ir a mi hermano.

Entre gritos y jalones, José Ángel y Roberto cayeron en cuenta que la mujer era su amiga Georgina, su novia y confidente de la adolescencia, y el muchacho a quien ella defendía con violenta desesperación era Javier, su hermano menor, a quien conocían perfectamente bien. Sintieron una opresión en el pecho y luego, morirse. Y en eso, un pestañeo. El ruido de un disparo. Una gran confusión. Más gritos de pánico. El cuerpo de una mujer joven, estudiante del primer año de medicina, yacía en el piso con una herida en el pecho totalmente expuesto. Georgina había muerto. Silencio total. Era tal el horror que ni José Ángel ni Roberto se atrevían a respirar. En medio del llanto frenético de quienes, afuera en la plaza, presenciaron lo que acababa de ocurrir, los soldados soltaron a Javier, quien se dejó caer sobre el cuerpo inerte de su hermana, y luego siguieron con su inmensa cacería de "estudiantes comunistas". José Ángel y Roberto buscaron, dentro del departamento, un lugar donde ocultarse invadidos por un miedo que no conocían y sintiendo por primera vez en su vida el dolor desgarrador de la pérdida, de la muerte y de la culpa. Una parte de José Ángel murió ese día junto con Georgina.

A primera hora de la mañana del 3 de octubre, después de que varios cientos de soldados, auxiliados por carros de bomberos y pipas de agua, hubieron terminado de lavar la sangre y la vergüenza de un país que se decía libre y democrático, el gobierno de México emitió un comunicado al mundo en el que informaba que la situación estaba bajo control y que el enfrentamiento entre estudiantes y militares no había sido sino un encuentro sin consecuencias mayores. Más tarde informaron que en México no pasaba nada y todo estaba listo para los Juegos Olímpicos del 68 y el mundial de futbol México 70.

Además de la trágica muerte de Georgina que desgarró el alma de José Ángel y lo marcó de por vida —lo mismo que a Roberto, por supuesto—, a los pocos días se enteró de que algunos de sus compañeros de la preparatoria habían desaparecido y otros estuvieron presos durante varios días durante los cuales fueron sometidos a los actos más denigrantes y deshumanizados que uno se puede imaginar. El hostigamiento psicológico y físico aniquiló el espíritu de casi todos ellos. Jamás volvieron a ser los mismos. Efectivamente, en México no pasaba nada, todo seguía igual, como siempre.

Con la imagen de Georgina muerta en el piso, el eco de los gritos frenéticos de cientos de jóvenes que corrían despavoridos para salvar sus vidas y el olor a pólvora y a sangre joven todavía frescos en su mente, José Ángel llegó a la universidad en Texas decidido a enfocarse en sus estudios, a romper con el pasado y, sobre todo, a olvidar los momentos de terror recién vividos. Este momento en su vida marcó el comienzo de lo que él mismo describe como su "época de oscurantismo creativo", porque no escribió ni una sola línea que no estuviera relacionada con sus estudios de ingeniería y más adelante con el trabajo. Pero de cualquier forma "fueron años fundamentales de formación y aprendizaje" sin los cuales no hubiera llegado a ser el hombre que es hoy día.

Esta época de "oscurantismo literario" duró poco más de treinta años, de los dieciocho a los cincuenta. Al terminar sus estudios de maestría comenzó a trabajar y continuó su proceso de crecimiento, ahora en el mundo laboral. Tuvo la oportunidad de viajar a diferentes países por razones de trabajo y esto le permitió conocer gente y darse cuenta de que existen muchas formas diferentes de vivir la vida sin que una sea mejor que las otras. Como ingeniero a cargo de proyectos cada vez más complejos, tuvo que volverse todavía más estructurado, organizado y disciplinado que antes. A los pocos años de haber comenzado su carrera profesional empezó a vislumbrarse como un líder carismático y capaz de dirigir a la organización hacia un objetivo común.

Entre 1984 y 1988, José Ángel vivió en Panamá por razones de trabajo. Durante esos años experimentó en carne propia lo que significa vivir bajo una dictadura militar, como la de Noriega, comandante en jefe de las Fuerzas de Defensa de Panamá. La incertidumbre, el miedo y el terror se habían apoderado gradualmente de la sociedad panameña y las historias de desaparecidos, mutilados y asesinados eran tema de todos los días. El abuso de poder era algo que el espíritu rebelde de José Ángel no podía soportar y se cimbraba de enojo ante la injusticia y la impotencia que sentía de no poder hacer nada. Tenía amigos muy queridos que habían sido víctimas de abusos terribles y actos denigrantes, y José Ángel se sentía tentado a unírseles en la lucha por la justicia, pero ya no se trataba sólo de él, ahora tenía una familia: esposa y tres hijos, y no quería ponerlos en riesgo. Él sabía que si se quedaba en Panamá iba a terminar involucrándose, tarde o temprano, con los grupos de oposición que querían acabar con el reinado de terror de Noriega. A veces pensaba que lo mejor era abandonar el país y hacer su vida en otro lado, pero le era muy difícil tomar la decisión de cerrar los ojos, dar media vuelta e irse de regreso a México dejando atrás a sus amigos.

En esas indecisiones estaba cuando, un día, estando de viaje en Londres, escuchó una noticia que, en minutos, le hizo reconsiderar violentamente todo lo que había venido pensando en los últimos meses: unos reporteros de la BBC, guiados por información proveniente de fuentes anónimas, habían descubierto, a unos cuantos kilómetros de la ciudad de Panamá, dentro de una vieja mina de arena, decenas de cadáveres de hombres, mujeres e incluso niños. Estos reporteros, arriesgándose a todo, habían logrado identificar algunos de los cuerpos y todos formaban parte de la lista de desaparecidos de los últimos meses. Las imágenes de los cuerpos secos y mutilados eran espeluznantes aún a través del televisor. José Ángel no podía creer lo que estaba viendo. Comenzó a llorar de enojo, de rabia, de impotencia y también de miedo, pero lo peor fue cuando escuchó los nombres de los cadáveres identificados. Ignacio Santillán, ¡su vecino que hacía unas cuantas semanas no veía! Un hombre maduro, muy simpático, honesto y trabajador que, al igual que él, estaba en Panamá desde hacía un par de años trabajando para una compañía norteamericana. De inmediato José Ángel pensó en sus hijos y su esposa que estaban en la casa en Panamá mientras él se encontraba al otro lado del Océano Atlántico. De golpe y contra su voluntad vinieron a su mente los pensamientos más terribles y lo invadió un miedo incontrolable. En ese preciso momento tomó la decisión de interrumpir su viaje y cambiar su vida: volvería a Panamá ese mismo día para llevarse a su familia lejos, muy lejos. Decidió trasladarse a Estados Unidos donde continuaría su vida y su carrera profesional.

En Estados Unidos, con una vida más que confortable y muy tranquila, se convirtió en un ejecutivo de muy alto nivel, sumamente exitoso, admirado y querido por compañeros y subordinados. Se sentía feliz, completo y motivado para seguir adelante con su trabajo y sus ocupaciones dando lo mejor de sí, como siempre lo había hecho. Su camino estaba claramente trazado y él se sentía más que satisfecho con los logros alcanzados y con el brillante futuro que se desplegaba frente a él. José Ángel no tenía idea del giro que daría su vida.

En el año 2000, unos meses antes de cumplir los cincuenta años, cuando estaba en uno de los mejores momentos de su vida personal y profesional, con una madurez y claridad de pensamiento que sólo llega cuando ya se ha vivido lo suficiente, volvió a despertar en José Ángel esa inquietud —o tal vez era rebeldía— por hacer algo más en la vida; la misma que lo había incitado a experimentar con la escritura, el futbol y la música cuando era chico, y la que, posteriormente lo llevó por el camino de la ingeniería química y no por el de las letras. O quizás fue la trillada crisis de los cincuenta, cuando muchos hombres y mujeres comienzan a cuestionarse cuál es la verdadera razón de su existencia. Fuera lo que fuere, José Ángel vivió varios meses con esa inquietud que día a día se hacía más fuerte.

Una tarde lo llamaron del departamento de Recursos Humanos para pedirle un favor inesperado y un tanto extraño. Estaban preparando una edición especial de la revista corporativa y querían pedirle a José Ángel que por favor escribiera un artículo para dicho número. El tema era libre, pero tenía que ser algo que estuviera dirigido, sobre todo, a la gente más joven de la compañía. La primera reacción de José Ángel fue decir que no, pero fue tanta la insistencia que al final no se pudo negar y accedió a ayudarlos. Pensó en varios posibles temas, los típicos en cualquier publicación empresarial: liderazgo, comunicación, definición de objetivos, ética laboral, creatividad..., y ese mismo día decidió ponerse a escribir y así salir del compromiso lo más rápido posible. Escogió uno de los temas y escribió un par de oraciones, pero en seguida las borró. Luego intentó con otro, y logró plasmar en el papel cuatro o cinco frases, pero ya no supo cómo seguir. Entonces seleccionó otro tópico. ¡No lograba escribir más de tres renglones! Se sintió frustrado y desesperado. Parecía no poder encontrar la inspiración... Se puso de mal humor y estuvo pensando toda la tarde cuál habría sido el problema, si de chico siempre había sido muy bueno para escribir. Entonces tomó una sabia decisión: consultarlo con la almohada.

Al día siguiente llegó tempranísimo a la oficina, a las seis de la mañana, y comenzó a escribir sobre un tema que le había venido a la mente al despertar y que no estaba en la lista original: el entusiasmo. El artículo no resultó muy largo, pero quedó aceptablemente bien, por lo menos en la opinión de José Ángel. Al escribirlo se había imaginado que tenía frente a él a todos los jóvenes de la empresa y les decía, entre otras cosas, que "las personas entusiastas son aquellas que creen en ellas mismas, en los demás y en la fuerza que tienen para transformar su propia realidad y el mundo que las rodea". También les explicaba la diferencia entre el optimismo y el entusiasmo: "optimismo es creer o anhelar que algo favorable va a ocurrir, es ver el lado positivo de las cosas, es una postura amable ante los hechos que ocurren; en cambio, el entusiasmo es acción y transformación". Casi para terminar el artículo, explicaba que "no son las cosas que van bien las que generan el entusiasmo, sino que es el entusiasmo lo que nos motiva y empuja a hacer bien las cosas", y como cierre del texto afirmaba que "solo hay una manera de ser entusiasta: actuando entusiastamente".

El artículo de José Ángel originó un gran revuelo en la organización que nadie esperaba. Todos los empleados hablaban de cuánto les había gustado el texto y, sobre todo, de que los había hecho sentir motivados y con energía para cambiar y convertirse en personas entusiastas capaces de transformar y mejorar su realidad, no sólo en el trabajo sino también en su vida personal. Buscaban a José Ángel para felicitarlo, darle las gracias y, a veces, porque querían escuchar directamente de él, lo que ya habían leído. Pero, obviamente, quien se vio más impactado por este incidente fue el propio

José Ángel. De golpe recordó la inmensa felicidad que se siente al escribir algo que cambia la vida de quien lo lee, aunque sea sólo un poco, y de repente, así como una ráfaga de aire que llega inesperadamente, supo que lo que quería hacer —lo que le venía haciendo falta en la vida— era expresar y compartir con otros ideas, pensamientos y muchas otras cosas que traía dentro, muy adentro, acumuladas a lo largo de cincuenta años de vida. Sin pensarlo mucho, o casi nada, decidió experimentar con la escritura, que había sido una de sus grandes pasiones de adolescente. En poco tiempo, poquísimo en realidad, descubrió —o tal vez sólo recordó porque en realidad ya lo sabía— que el escribir fuerza al escritor a llevar a cabo un análisis profundo de él mismo y le ayuda a aclarar la mente y estructurar el pensamiento. También confirmó lo que muchos grandes escritores han afirmado: al escribir, la mente del creador —y la del lector también— se abre, se expande y puede escapar de su pequeño y muy limitado universo para asomarse a otro que es infinito. Estas dos cosas le proporcionaban a José Ángel gran satisfacción y felicidad, pero el motivador más fuerte, lo que realmente lo sedujo y lo volvió a atrapar, esta vez de manera definitiva, en el maravilloso mundo de las letras, fue el darse cuenta de que a través de la escritura podemos protestar, criticar, contradecir y confrontar de manera clara y precisa, pero también podemos soñar, sentir y perdernos en el infinito.

Han pasado diez años desde que Fierro Arango empezó a experimentar con la escritura de manera formal. El camino para convertirse en escritor no ha sido fácil. Aunque siguió trabajando —en una posición altamente demandante que además exigía viajar la mayor parte del tiempo— se empeñó en escribir ensayos, crónicas y narraciones cortas. Tomó algunos cursos que además de mostrarle algunas herramientas y metodologías necesarias para lograr una escritura de calidad, le hicieron recordar el amor y la pasión que había sentido de niño y de joven por la literatura y la escritura. En más de una ocasión, sobre todo al principio de esta nueva etapa creadora, lloró varias veces él solo frente a la computadora, porque al escribir revivía experiencias del pasado que había enterrado hacía muchos años. Se dio cuenta de que cuando escribía se metía tanto en la narración que sentía los mismos miedos, angustias y alegrías del personaje recién creado. Y por supuesto que frecuentemente sonreía con algunos textos ligeros y divertidos que a veces, sólo a veces, compartía con otros.

Al escribir, José Ángel puso en práctica todo lo que había aprendido en su vida profesional en cuanto a disciplina, estructura y orden. Se exigió escribir todos los días, aunque fuera unos minutos, porque el escribir no es cuestión de inspiración divina, sino de trabajo, mucho trabajo, constancia y orden. En un principio no compartía sus escritos con nadie. No tenía el valor para dejar que otros vieran esa parte de él que había estado dormida durante muchos años. Tenía la sensación de que iba a quedar expuesto y vulnerable, así que en realidad escribía para él mismo. Con el tiempo pensó en pedirle a Roberto, su mejor amigo desde la secundaria, que le diera su opinión sobre algunas de las cosas que había escrito. Sin ser un experto en literatura, sus opiniones, críticas y puntos de vista animaron a José Ángel a seguir adelante con esta nueva y maravillosa locura. Y fue precisamente él, Roberto, quien le presentó a Rosaura, una mujer inteligente y experta en lingüística y estilos literarios que dejó pasmado a José Ángel el día que la conoció, pero no por sus capacidades profesionales —que eran admirables pero aún no había tenido oportunidad de conocer—, sino por el impactante parecido que tenía con Georgina, su único amor de juventud que había desparecido de su vida abrupta y trágicamente más de treinta años atrás. La conexión que se dio entre Rosaura y José Ángel fue inmediata. A partir de ese día se mantuvieron en contacto y, casi sin proponérselo, Rosaura se convirtió en correctora, asesora y representante de Fierro Arango. No tenía ninguna duda de su potencial como escritor y estaba decidida a ayudarlo y apoyarlo en todo lo que pudiera. Se convirtió en su sombra, en su ángel literario, y lo acompañó cuando estaba listo para comenzar a figurar, de manera formal, en el mundo de la escritura.

José Ángel Fierro Arango tardó cinco o seis años en convertirse en columnista del periódico *"Ecos de México"* y en animarse a publicar su primer libro, *Ensayando y contando*, una colección de narraciones cortas que nos permiten acercarnos un poco al verdadero José Ángel, un escritor que ha vivido y un hombre creador que tiene mucho que decir. A través de estos primeros textos también nos comparte sus inquietudes y puntos de vista con respecto a temas que siempre le han interesado: la sensualidad en la mujer mexicana, la libertad coartada de muchas mujeres, el analfabetismo funcional, la inercia de la mediocridad, el santo grial o el ejercicio y el origen del conformismo. Actualmente está trabajando en un segundo tomo de ensayos y narraciones cortas y en una novela que se centra en la misteriosa vida de Pancho Villa, pero desde la perspectiva de una mujer que lo conoció mejor que nadie, su único y verdadero amor de toda la vida —aunque nunca se casaron ni hicieron una vida juntos—, muy diferente a otras biografías o novelas que se han escrito sobre este misterioso personaje de la Revolución Mexicana. Al terminar, su próximo proyecto consistirá en escribir una biografía novelada inspirada en la vida del hombre que más influyó en él y a quien le debe el haberse convertido en escritor: su abuelo.

Lo que motiva a José Ángel Fierro Arango a escribir no es la fama ni la admiración de millones de lectores, sino la idea de poder llegar a convertirse en el detonador de nuevas ideas y pensamientos que resulten en un cambio, aunque sea pequeñito, en todo lo que él considera injusto, opresivo, cerrado o limitante en la sociedad donde vivimos. Estoy segura de que lo logrará.

Made in the USA
Middletown, DE
08 January 2015